国家审计的公共治理职能研究

GUOJIA SHENJI DE GONGGONG
ZHILI ZHINENG YANJIU

蒋燕辉◎著

经济管理出版社
ECONOMY & MANAGEMENT PUBLISHING HOUSE

图书在版编目（CIP）数据

国家审计的公共治理职能研究／蒋燕辉著. —北京：经济管理出版社，2019.12

ISBN 978-7-5096-6983-9

Ⅰ.①国… Ⅱ.①蒋… Ⅲ.①政府审计—研究 Ⅳ.①F239.44

中国版本图书馆 CIP 数据核字（2019）第 292595 号

组稿编辑：任爱清

责任编辑：任爱清

责任印制：黄章平

责任校对：张晓燕

出版发行：经济管理出版社

（北京市海淀区北蜂窝 8 号中雅大厦 A 座 11 层　100038）

网　　址：www. E-mp. com. cn

电　　话：(010) 51915602

印　　刷：北京玺诚印务有限公司

经　　销：新华书店

开　　本：720mm×1000mm /16

印　　张：14.25

字　　数：197 千字

版　　次：2019 年 12 月第 1 版　2019 年 12 月第 1 次印刷

书　　号：ISBN 978-7-5096-6983-9

定　　价：79.00 元

内容简要

　　国家审计的公共治理职能研究具有充分的理论基础。依据治理理论，国家治理流程必然涉及公共资源的分配及使用及公共权力的配置与运行。根据马克思主义国家学说，由于公共权力的垄断性，在公共资源分配和公共权力运行过程中，必然会产生公共权力异化现象。因此，需要建立相应的权力监控机制，必须做到政治的公开化原则，打破国家机器及权力运作长期的神秘化。马克思认为，仅仅靠官僚机构内部的监督，恰如监守自盗；防止权力者由社会公仆变成社会主人最有效的监督是建立民主制基础上的监督。

　　治理的本质具有公共性。联合国发展计划署（The United Nations Develepent Programme，UNDP）（1995）认为，"治理是基于法律规则和正义、平等的高效系统的公共管理框架，贯彻于管理和被管理的整个过程，它要求建立可持续的体系，赋权于人民，使其成为整个过程的支配者"①。全球治理委员会（Commission on Global Governance）（1995）认为，治理是"各种公共的或私人的个人和机构管理其公共事务的诸多方式的总和。"②

──────────

①　UNDP. Public Sector Management, Governance, and Sustainable Human Development ［J］. New York, 1995（9）.

②　全球治理委员会. 我们的全球伙伴关系 ［R］. 牛津大学出版社，1995：23.

根据西方近代国家分权学说，为了预防权力滥用的倾向和官僚的腐败，只有建立相应的权力制约或制衡机制，才能保证公共权力的合理运行。同样，国家治理也具备公共治理的本质属性。Kooiman（1999）认为，政府治理是"一种制度安排，在所有这些相互安排中，公共与私人参与者的目标都在于解决社会问题或创造社会机遇，并且关注让这些行为发挥作用的制度安排。"① 廖义刚和陈汉文（2012）认为，国家治理是指"国家通过配置和运行公共权力，执行一定的政治理念，始终围绕着特定秩序，对公共事务进行调控、引导和支配，保持良性和可持续发展的善治状态和过程。"②

马克思认为，国家是"一种表面上凌驾于社会之上的力量，这种力量应当缓和冲突，把冲突保持在'秩序'的范围之内"。③ 社会公共管理职能是（政府）政治职能的前提和基础。马克思以英国人在印度进行殖民统治的史例进行了反证。他说，虽然不列颠人在印度接受了财政部门和军事部门，但却完全忽略了公共工程部门。④ 此外，人类社会发展的过程，是国家政治统治职能逐渐萎缩及社会管理职能逐步扩大的过程。马克思认为，"所有的社会主义者都认为，政治国家及政治权威将由于未来的社会革命而消失，这就是说，社会职能将失去其政治性质，而变成维护社会利益的简单的管理职能。"⑤

本书的主要内容如下：

第一章为我国国家审计的公共治理职能研究导论。介绍了本书的研究背景、研究目标及研究意义；研究内容与研究方法等理论基础。

第二章为我国国家治理视角下的国家审计属性研究。内容包括政治属

---

① Koorman J. Social-political Governance [J]. Public Mangement Review, 1999 (1)：67-92.

② 廖义刚，陈汉文. 国家治理与国家审计：基于国家构建理论的分析 [J]. 审计研究，2012 (2)：9-13.

③ 马克思恩格斯选集（第4卷）[C]. 北京：人民出版社，1995：170.

④ 马克思恩格斯选集（第4卷）[C]. 北京：人民出版社，1995：763.

⑤ 马克思恩格斯选集（第4卷）[C]. 北京：人民出版社，1995：544.

性和法律属性研究、经济属性和社会文化属性研究。

第三章为我国公共治理视角的国家审计民主法制化研究。内容包括国家审计制度核心、理论与现实审计环境差距、国家审计制度化的分析框架、国家审计制度的构建研究。

第四章为国家审计服务于公共治理的审计模式研究。内容包括国家治理与国家审计转轨分析、中国国家发展战略目标演变与国家审计面临挑战研究、国家审计服务于公共治理的理论研究和方法体系研究。

第五章为基于国家审计的公共责任及公共权力审计研究。内容包括公共责任及公共权力审计的分类研究、功能研究、属性研究；公共权力审计导向模式构建研究。

第六章为影响国家审计服务于公共治理的主观因素分析。内容包括有限理性和自利问题研究、对审计固有局限性的主观因素研究、影响审计的机会主义倾向研究等。

第七章为影响国家审计服务于公共治理的客观因素分析。内容包括基于政治文明和经济文明的国家审计本质及审计目标研究；基于社会文明和法治文明的国家审计客体和主体、审计内容和模式研究。

第八章为国家审计公共治理职能研究启示。内容包括我国国家审计监督公权力的理论启示、国家审计嵌入公共治理制度的理论启示、影响国家审计的非制度因素研究启示。

前言

　　国家审计主体以公共利益为依归，依法为社会和公民提供公共服务，充分体现人民的意志和利益，是一种相对独立的公共权力。换句话讲，政府和法律存在的全部目的就是为了维护人民的权利，政府的权力运行必须以保障人民的权利为目标，公权力的行使受到严格的限制，任何公权力的行使都应受到人民的严格监督。国家审计具有"第四种权力"（公共权力）的特质，独立性、专业性、公益性和监督性是其独特的品质。

　　本书的研究背景如下：

　　总结和积淀国内外有关国家审计研究的各项成果，既是内外环境使然，又是一种笔者的时代紧迫性。从国家审计制度构建及公共治理机制日益完善的双重角度来看，任何人基于公权力与基于私权利两种不同的"行权履职"行为，其双方的最大差距不仅会加剧审计的固有局限性（例如，国有企业管理层或国家公务员，凌驾于内部控制制度之上，凌驾于国家法律、法规及政策之上等行为），也会形成国家治理与公共治理之间严重脱离（或严重背离）。对此，全国的审计学者已形成共识。

　　公共法治是个人专制的对立物，是把权力置于有效控制之中的政治状态。监督制约是社会主义法治中权力控制的基本形式，也是实行依法治国的关键机制。一般而言，对权力的监督制约有两种基本方式：一是以权力监督和制约权力；二是以权利监督权力。社会主义法治防止权力滥用和保证权力正确行使的基本措施就是，建立结构合理、配置科学、程序严密、制约有效、监督有力的权力运行机制，把决策、执行等环节的权力全部纳入社会监督制约机制之中，保证权力沿着制度化、法律化的轨道运行。在众多学者中最具代表性的是谢鹏程（2007）的观点，其认为，政治要稳定，就必须依法保障公民权利、规制国家权力，通过政治的法治化实现公民权利与国家权力的良性互动。而这关键又在于三个机制的法治化：一是人民群众利益诉求的有序表达机制；二是民主选举、民主决策、民主管理和民主监督的程序保障机制；三是国家权力运行的监督制约机制。

从世界范围来看，现代法治是以民主为核心的法治，普遍关注公共权力的有效制约和合理运行。资本主义国家实行多党竞争和分权制衡的政治体制，在其法治系统中不需要也不可能有相对独立的法律监督机制；社会主义国家则实行共产党领导的、贯彻民主集中制原则的人民代表大会制度，在这种政治体制中，由于人民代表大会和其他国家机关之间不存在分权制衡的关系，因此，必须建立一套相对独立的法律监督机制，形成对各种权力的有效监督和制约。基于国家审计推进民主法治的作用机理来看，笔者认为，构建科学的国家审计制度和完善和谐的公共治理模式越发显得重要。

我国审计前辈们为本书的研究提供了充实的理论基础及宝贵的精神财富。对于国家审计制度构建的和谐性与公共治理模式的多元化均衡，或对于国家审计与现代民主政治的关系，我国著名的审计学家杨时展教授有过精辟的论述，他指出，民主是现代审计的实质，审计是民主政治的表现；民主是现代审计的目的，审计是现代民主的手段。没有现代审计这一手段，就很难达到现代民主这个目的；而没有现代民主这个目的，现代审计也就失去其意义（文硕，1996）。笔者认为，毋庸置疑，国家审计制度与民主法治制度的和谐性以及国家治理与公共治理的和谐性，都在于各种审计矛盾解决上的有效和谐理念。

本书的理论及实践价值表现在以下三个方面：

首先，研究国家审计的公共治理职能及构建法治化、民主化的国家审计制度是一个非常棘手的命题。当然，为完成这一命题笔者愿贡献一份微薄之力。其研究难度正像学者于立深（2010）所说，现有的行政决策民主机制在运转过程中，既存在形式主义问题，也存在决策过度民主化而导致无法做出科学决策的现象。从民主与法治相互作用的视角来看，我国需要制定统一的行政程序法典从外部来规制行政决策民主，不仅需要完善政府工作规则以便从内部规范行政决策民主的各个环节，还需增进公务员的科学决策水平。因此，笔者认为，若准确把握国家治理服务于公共治理的均衡尺度，既要准确定位民主化、法治化、公共性的内涵；又要真正领悟国家审计推进民主法治化的作用机理。

其次，只有基于公共治理和民主法治化的国家审计制度的研究视角，才能给国家审计在国家治理中实施一个较准确的功能定位。正如刘家义（2009）指出，国家审计作为国家经济社会运行的免疫系统，问责机制是应对机会主义行为的一种机制，机会主义行为就是国家经济社会运行中的"疫情"，应对这种机会主义行为的问责机制当然就是免疫系统。所以，问责机制就是免疫系统。从国家视角来看，由于问责机制"疫情"的类型不同，应对"疫情"的免疫系统也不同，有行政问责、经济问责、司法问责和党内问责。国家审计应对的是经济社会运行中的"疫情"，属于经济问责。刘家义审计长（2009）指出，免疫系统审计要发挥预防、揭露、抵御三种功能。揭露功能是指审计必须查处违法违规、经济犯罪、损失浪费、奢侈铺张、损坏资源等各种行为，并依法对这些行为进行惩戒。事实上就是确认显性机会主义是否存在。抵御功能是指审计不仅要揭露问题，更要对产生这些问题从表象到内里、从个别到一般、从局部到全局、从苗头到趋势、从微观到宏观进行深层次的原因分析并提出相关建议，提高经济社会运行质量和绩效，推动经济社会全面协调可持续发展。事实上就是确认隐性机会主义是否存在。预防功能是指审计要及时发现苗头性、倾向性问题，及早感受风险，提前发出警报，起到预警作用。事实上就是确认可能的机会主义行为是否存在。

国家审计的公共治理职能转变，是基于制度建设和体制建设。虽然问责机制是应对机会主义行为的免疫系统，但审计作为问责机制中的信息保障机制如何理解呢？实际上，要发挥免疫系统功能，审计工作要坚持两手抓：一方面，揭露和查处违法违规问题，发挥审计在惩治腐败、加强廉政建设方面的作用；另一方面，关注重大的体制性障碍、制度性缺陷和管理漏洞，促进建立有利于科学发展的体制或机制，发挥审计的建设性作用，推动审计工作更加自觉地从以合法合规审计为主向以公共绩效审计为主转变。宋常（2009）认为，国家审计发挥"免疫系统"功能与作用的内在机理主要是及时审计发现问题、依法审计处理问题、充分利用审计成果以及依法报告审计工作。赵彦锋（2009）认为，国家审计发挥"免疫系统"功能与作用的内在机理与机体免疫系统相似，即发现问题、处理问题、完善机制以增强免疫功能——抵御病毒。可见，在免疫系统中，审计的基本功能还是揭露和发现问题，这本质上就是确认机会主义行为是否存在，是信息保障。

最后，提升公共治理职能是国家治理适应社会发展的必然产物。国家审计制度是人类社会政治经济和文化发展中不可或缺的重要组成部分。从历史发展的观点来看，人类社会生产力、生产方式的发展，推动了国家审计的政治文明与社会文明进步，而且这种进步还是沿着相互矛盾的两个方向发展：其一是人类生产技术水平的提高和经济发展，为国家审计文明的发展提供了前提条件，促进国家治理政治文明的进步，以及社会道德、法律意识的增强，并作为集政治文明之大成的国家职能的拓展；其二是人类活动范围的扩大和随之而起的私有制及私有观念不断固化，从而形成激烈的国家治理冲突、社会冲突。因此，公共治理应运而生。而在统治阶级内部，随着社会经济的发展，国家需要承担起更多的政治、军事和社会管理等公共职能。需要不断扩大公共税收等经济权力，积累财政资金，夯实统治基础。由于私有制度下所固有的私有观念的影响，使统治阶级内部的个人和集团利益之争也日趋激烈并常态化，国家也就成为统治阶级攫取更多的社会资源和进行暴力统治的工具。国家行政管理权力从繁华的都市层层深入到偏僻的乡村，形成巨大的社会管理公权力网络结构。为了防止统治集团内部处于每个网络节点的公权力在运行过程中的膨胀和滥用，造成社会矛盾激化和冲突而削弱统治基础，统治阶级一般都在公权力的关键节点嵌入代表和执行最高统治者意志的监督机构，其中，最重要的、与社会关系最为密切的就是司法监督机构——法院，以及经济监督机构——国家审计机关，以监督法律的公正实施和公权力不被异化。一方面，这些监督机构既是人类文明进步的产物；另一方面，又促进了人类文明在政治、经济、法律和文化等领域的发展。

孟德斯鸠说过："一切有权力的人都容易滥用权力。"这是万古不易的一条经验！监督和控制各种公共权力是国家审计根本目标所在。现代政治文明发展的实践证明，只有将公共权力置于有效监督机制之下，才能避免掌握公共权力的人滥用权力而导致民主制度的破坏，绝对的权力必然导致绝对的腐败。

邓小平曾指出"权力必须受监督，共产党必须接受监督"。中国在全面建成小康社会过程中的政治文明建设必须关注公共权力监督机制的构建和完善，并以此推进国家"良治"。公共权力监督的制度构架和实施方式，处处体现着政治文明的精髓，如何通过制度选择，把公共权力限制在一个合理的范围内，对公共权力实行有效的监督和制约，让公权力合理、规范、高效的运作，推动社会健康、良性、有序的发展，已成为当前我国政治文明建设和政治体制改革的关键所在。

在弥补国家治理不足而发挥社会公共治理功能时，公共治理则是通用的。郑石桥、杨婧（2013）认为，在现实生活中，超出公众可容忍程度的公共责任机会主义行为时有发生。为此，需要优化公共治理机制。发展公共责任审计是优化公共治理机制的重要途径。

笔者认为，国家治理、社会治理、市场治理三者能形成有机联系又互动的协同公共治理，其根本原因在于三点：一是公共资源治理需要治理主体的多元化；二是国家审计在公共资源治理中不仅有引导作用，也有协同作用；三是"公有制"是中国特色社会主义国家审计的根本特质，完全具备制度背景实现协同治理。因此，当国家审计转型时，如果形成国家审计服务于公共治理的终极服务目标，那么和谐社会、小康社会与民主法治化的审计文明才会实现。

虽然问责机制是应对机会主义行为的免疫系统，但审计作为问责机制中的信息保障机制又如何理解呢？刘家义审计长（2009）指出，要发挥免疫系统功能，审计工作要坚持两手抓，一方面，揭露和查处违法违规问题，发挥审计在惩治腐败、加强廉政建设方面的作用；另一方面，关注重大的体制性障碍、制度性缺陷和管理漏洞，促进建立有利于科学发展的体制机制，发挥审计的建设性作用，从而推动审计工作更加自觉地从以合法合规审计为主向以绩效审计为主转变。

论政府审计的公共性本质，可以说是一种公共治理能力的大幅提高。换句话讲，公共责任和公共权力审计作为国家治理的手段或工具，应不断向公共治理的大方向迈进。国家审计的本质属性是"公共性"，可以说，是基于独立的"第三方公众立场"。换句话讲，具有公共性的国家审计（简称公共审计）是一种"政府—公众—环境"的和谐关系体系，既是政府与公众之间的信息沟通机制，也是政府与所处环境的研究监测体系。此外，在公共审计的和谐关系体系中，公共审计扮演着一个超越政府和环境的"居间者"角色，有着超然精神独立的特征。它要在政府与公众之间，平衡政治、法律、经济、文化和社会环境的关系。

从政府和盈利组织角度来讲，公共审计通过倡导他们对公共责任（或社会责任）的担当，进一步预测、监督和反馈民意。公共审计师扮演着正义的"道德卫士"角色。如果从公众与所处环境的角度来讲，公共审计则代表公众及民意，也是社会公共领域对公共资源使用效益实施监督权的代言人。把审计还给公共治理这是一种公共性的回归。从事务所对公众公司的报表审计到政府对公立学校及公立医院的绩效审计，审计公共性的特征越发彰显。实际上，审计上的公共性提升不仅体现社会环境的巨大变化，也为国家审计提供了更强大的内在动力。

目录

第一章

我国国家审计的公共治理职能研究导论

国家审计服务于国家治理已是一个不争的客观事实，但国家审计能否真正服务于"公共治理"却是非常值得探讨的难题。没有审计理论上的争议，就不会深入挖掘国家审计理论重点及难点问题。为此，本书正是基于此目的展开研究。

第一节　研究背景和研究目标

本书的研究路径是在每个章节中先进行文献综述。总结和提炼我国会计和审计前辈诸多的研究成果。之后，再发表笔者的观点。

一、本书文献综述

本书的研究背景及研究目标是在我国审计前辈们选择的理论基础非常

充实的条件下实施的。下面分别对几个公共审计的理论基础进行综述：新公共管理理论、人民主权论、社会契约论、公共选择理论、公共受托责任理论等。

1. 新公共管理理论

在 20 世纪 80 年代，西方各国普遍面临着政府开支过大、经济停滞、财政危机、政府部门工作效率低下等问题，促使各国开始变革传统的公共行政体制。在这一背景下，一场声势浩大的被称为"新公共管理"的行政管理改革在世界范围内掀起，新公共管理的目标是建立一个"少花钱多办事"的高效政府，其手段是建立政府部门的绩效评价制度，核心是优化公共资源的支出结构，提高公共资源使用的效率性和政策决策的效果性。随着新公共管理理论的兴起，公共评价受到各国普遍重视。与此同时，为提高公共资源配置效率，各国纷纷进行了"以结果为导向"的绩效预算改革，将更多的注意力从对公共支出过程的管理转到对公共支出效果管理上，将绩效评价结果与预算资金的分配结合起来，并在预算执行中纷纷建立了问责机制。[①]

新公共管理理论对公共审计的影响主要体现在三个方面：一是通过扩大社会需求推动绩效审计发展在新公共管理运动中，政府与社会公众由治理者与被治理者的关系转变成为服务提供者与消费者的关系，更加重视公共服务提供的效率与质量；同时，引入市场竞争机制，使成本—效益观和公共评价在实践中得到推广，这就对绩效审计发展起到根本性的导向作用。[②] 二是新公共管理完善了公共审计的问责机制和改进机制。公共审计通过评价和衡量公共部门与公共支出绩效水平，既强化了公共部门对其所达到的计划成果的责任及其问责机制，又使公共审计更加关注提高政府公共部门绩效的途径。三是在新公共管理运动中促进了公共审计的制度化和

---

① 财政部预算司. 绩效预算与支出绩效考评研究 [M]. 北京：中国财政经济出版社，2007.
② 赵晓光. 公共支出绩效审计研究——以焦作市民生项目投资为例 [D]. 河南理工大学硕士学位论文，2010.

法制化，各国政府都为公共审计的有效实施制定了相关的法律，法规和政策，从而使公共审计发展和实践有了法律依据。

总之，新公共管理为公共审计的发展创造了良好的政治和经济环境，解决了公共审计的必要性和可行性问题，进而促进了公共审计的快速发展。

2. 人民主权论

无论是政治学中的人民主权论，还是中国共产党人提出的"人民民主论"，其核心都是主张国家权力应该属于人民，国家应该是人民的国家。从人民是国家权力的拥有者、国家一切权力属于人民、国家一切财富归人民所有这些认识出发，就很清楚地说明了国家财产或公共资源为什么属于人民这一论断，从而解释了公共支出以及公共支出绩效审计的最终拥有权和控制权的归属问题。

3. 社会契约论

政府及其行政行为一旦存在于社会公众的期望中，就必须遵守一定的权利与义务，这些权利与义务是政府和社会之间契约的结果。按照契约，政府必须保障公民的政治自由，保护公民生命财产安全，维护社会的共同利益。① 为此，公众与政府之间一个重要的契约就是有关公共支出的预算契约，核心是为了维护公众利益，需要对预算支出的申报、拨付、使用的事前、事中和事后全过程跟踪监督，及时发现公共资金运行过程中存在的问题。绩效审计作为解决信息不对称时代理人道德风险的主要手段，不仅要能界定出现浪费和管理不善问题的领域，而且要能寻找出用不同方法或利用同样资源就可以产生更大资金效益或社会效益的领域，从而构建相互协调、相互补充的局面。

4. 公共选择理论

公共选择理论认为，行为主体并不会因为他们处于政治市场中就会改变其在经济市场中表现出的"经济人"特性，相反，这种"经济人"特性

---

① 宋小翠. 绩效审计理论基础与发展趋势研究 [J]. 中国集体经济，2010 (28).

将使他们受到权力、职位、社会名望及其相关物质利益的驱使，从而谋求个人效用最大化，有可能使公共选择的结果偏离公共目标，其所设置的公共机构不能代表公众利益，不能发挥应有的公共职能。将公共选择理论运用到公共支出管理中，一方面是要以经济学的思维将公共支出的各责任主体都看作追求自身利益最大的"经济人"，要以科学合理的激励方式促使被管理者更好地执行管理者的目标；另一方面是要引入有效的监督和约束机制以及具体手段，促使各"经济人"目标的一致，实现公众利益的最大化。

5. 公共受托责任理论

对受托责任理论，冯均科指出："受托责任理论，是关于审计动因问题研究的主流理论，它为我们构建政府审计理论提供了重要的思想基础；因此，应该从受托责任所引发的审计关系来讨论国家审计理论框架，这可能为我们重新设定了一个新的逻辑起点……以受托责任构建的政府审计理论框架，无疑是一种十分适用的理论构架。"①

当受托责任理论演变成公共责任理论时，张龙平（2011）指出："在构建政府审计理论框架时，应以公共受托责任为基础，并立足于审计的本质，结合政府审计环境的发展和要求，确定政府审计的目标、范围（边界）、内容、技术方法与标准等概念。"②

当界定公共受托责任时，一个解释是，"一方面，政府应当从人民的公共利益出发，受托管理好人民托付的公共财产，履行好国家和社会公共事务管理职能；另一方面，政府应当向公众及其代表（立法机关）报告其受托责任的履行情况，以解除自己的公共受托责任。"③

---

① 冯均科，陈淑芳，张丽达. 基于受托责任构建政府审计理论框架的研究 [J]. 审计与经济研究，2012（3）.

② 张龙平. 政府审计理论框架构建的逻辑起点选择 [C]. 中国审计学会审计教育分会首届审计教授论坛论文集，2011.

③ 李明辉. 政府公共受托责任与政府审计理论框架 [C]. 中国审计学会审计教育分会首届审计教授论坛论文集，2011.

从这个角度来看，没有公共受托经济责任，也就没有现代国家审计；而没有现代国家审计，公共受托经济责任也难以维系。"公共受托经济责任是现代国家审计理论中最关键、最基本的一个概念，是现代国家审计理论的基石；无论中外国家审计，其产生都是以公共受托经济责任为基本前提，其理论和实践也都是随着公共受托经济责任内涵的发展而发展的。可以说，公共受托经济责任是国家审计工作的出发点和归宿点。"①

从对公共受托责任的解释中，不难发现一些在独立审计和内部审计中少见的概念，诸如公众、公共责任、公共权力等。那么该如何认识和解释这些概念？同时，公共受托责任本身又是如何形成的？即支撑公共受托责任形成与发展的一个基础性、系统性的知识体系又是什么？例如，何种理论学说可以说明和解释：审计为什么要对人民负责，为什么审计的一切工作始终要把广大人民的根本利益放在第一位？审计为什么要监督政府部门？这就是说，在国家审计理论基础之外还存在着一个进一步解释和阐述国家审计理论基础的理论。而这些来自于众多的存在内在联系的理论学说构成了国家审计理论基础的基础。"审计理论的综合性决定其必须以多种相关学科作为其理论基础，相关学科相关理论的发展与成熟为审计理论研究提供了环境基础与思维途径。"②从学科背景来看，这些学说主要来自于以下公共管理学、可持续发展理论、政治学等学科。

二、国外对于受托经济责任的研究始于 20 世纪 80 年代

斯图尔特（Stewart，1984）认为，"行使政府权力、履行公共受托经济责任的人必须对自己的行为负有说明义务"。

加里和詹金斯（Gray & Jenkins，1984）也提出了受托经济责任规范的范畴。1986 年，他们把公共受托经济责任规范当作职称责任政府的基本范

---

① 秦荣生. 公共受托经济责任理论与我国政府审计改革 [J]. 审计研究，2004 (6).
② 李雪. 审计理论研究：回顾与评价 [J]. 青岛科技大学学报（社会科学版），2004 (2).

畴，认为"规范就是结合公共受托经济责任的委托人和受托人的一系列方式方法，另外，还促使受托人就其保管经济资源之行为负有向委托人说明之责任。"

亚洲审计组织（ASOSAI，1985）界定公共受托经济责任是指"受托经营公共财产的机构或人员有责任汇报对这些财产的经营情况，并负有财政管理和计划项目方面的责任。"①

罗姆杰克和达布尼克（Romzek & Dubnick，1987）认为，"公共受托经济责任的范围除了包括'给予答复和接受监督'之外，还包括一切公共机构及其人员对机构内外部所欲达到的期望进行管理的方法。"②

亚洲审计组织（ASOSAI，1991）在《北京宣言——促进公共财政与投资有效管理的指导原则》中又一次明确指出"公共受托经济责任是受托管理公共资源的履责者对那些资源所负有的职责。"③

帕顿（Patton，1992）认为，"一般而言，公共受托经济责任指受托方就其行为、产出和结果等向委托方承担的责任，在这其中，关键是受托方向委托方提供使用相应经济资源的记录，他还就公共受托经济责任的内涵进行了深入的剖析，包括公共受托经济责任的程度问题、公共受托经济责任的奖惩机制、政府财务报告对公共受托经济责任关系的影响和公共受托经济责任中受托人负责客体对财务报告编制的影响等四个方面。"

加里和詹金斯（Gray & Jenkins，1993）主张"受托经济责任的本质是一种义务，即提供受托资源使用记录以及就履责情况说明的责任或义务，从这个意义上来讲，这个义务导致的奖惩行为应该就可以来验证受托经济责任的履行情况"。

凯文（Kevin，1994）提出了"一系列绩效标准和组织内部做出的反应构成的公共受托经济责任的分析框架"。

---

①③　秦荣生. 公共受托经济责任与我国政府审计改革［J］. 当代财经，1995（3）.

②　Barbara S Romzek，Ingraham J Dubnick. Accountability in the Public Sector：lessons from the Challenger Tragedy［J］. Public Administration Review，1987（5）：227-238.

辛克莱（Sinclair，1995）认为，"受托经济责任在更大的意义上就是指受托方被要求就其对受托经济资源的管理行为进行说明以示负责"。

韦伯（Weber，1999）从受托人控制委托人的视角，把公共受托经济责任根据控制方式以及控制强度划分为五类，即杰克逊式（Jacksonian）、进取式（Progressives）、公共利益平等主义式（Egalitarianism）、新保守主义效率式（Neoconservadve）。美国会计总局（Government Accountability Office，GAO）认为，公共受托经济责任是指"受托管理并有权使用公共资源的政府和机构向公众说明其全部活动情况的义务"。

加拿大审计长公署（Office of the Auditor General of Canada，OGA）认为，公共受托经济责任是指"对授予的某项职责履行义务，做出回答，它假设至少存在两方：一方授予职责，另一方接受这一职责，并承担责任，对履行这一职责的方式作出报告"。

最高审计机关国际组织（International Organization of Supreme Audit Institutions，INTOSAI）认为，公共受托经济责任是指"授予一个被审计个人或实体的责任，显示他或它已经根据资金提供者的条件对委托给他或它的资金进行了管理或控制"。

三、公共受托经济责任理论的指导意义

公共受托经济责任理论的产生已有数十年的历史。目前，它已经发展到以上所述的一整套理论体系，给人类的生产实践和生活实践带来了巨大的思想指导作用，具有极大的理论意义和现实意义。

1. 公共受托经济责任理论丰富了会计和审计基本理论的内涵

会计和审计的起源可追溯到几千年前，几千年来，人类不断地发挥着会计、审计的作用和功能。在人类社会发展史上，会计和审计做出了不可磨灭的贡献。什么在决定着会计审计的发展，什么在支撑着会计审计的前进，会计和审计的存在到底是为了什么等这一系列的问题，古往今来没有

一个鲜明的说法。但是，我国著名会计、审计前辈杨时展教授认为，"会计是和受托经济责任相联系的，会计就是反映这种受托责任的。"另外，20世纪英国审计学家D.弗林特（Oavid Flint）教授认为，"受托经济责任是审计最重要的前提"。在此基础上，蔡春教授提出"受托经济责任是现代会计、审计之魂"。

2. 公共受托经济责任理论有力地推动了公众参与国家政治经济生活的历史进程

公共受托经济责任理论的出现，使越来越多的人认识到自己在公共受托经济责任关系中的委托人地位，逐步认识到自己在国家政治经济生活中的主人翁地位，并且越来越关注政府的各种重大经济行为，包括政府信息公开的有效高效、重大投资的正确与否等与自己切身利益相关的各种重大经济决策。互联网的出现更是公众增强参与国家经济政治生活的催化剂。如果说公共受托经济责任理论是属于意识形态的问题，那么互联网则是属于物质范畴的事物，这两者的结合使公众有觉悟、有条件的积极参与到国家政治经济生活中去，在一定程度上有力地推动了国家民主政治的跨越式发展。

3. 公共受托经济责任理论有力地推动了新公共管理运动的蓬勃发展

新公共管理运动彻底颠覆了政府和公众的关系，把原来统治与被统治、管理与被管理的政府公众之间的关系重新定位为服务与被服务的关系的领域中来。公共受托经济责任理论的出现，更是在一定程度上奠定了政府作为服务主体、公众作为服务对象的角色定位的基础。借助于市场经济竞争机制的原理，在公共受托经济责任理论与"顾客是上帝"的商业理念指导下，新公共管理运动的主旨在于提高政府运作效率、公共管理水平和公共服务水平，坚决杜绝政府行为的暗箱操作，提倡一个透明的政府，强调公众的知情权，让政府权力运行在阳光之下。同时，强化对政府的问责制。这样，就相当于建立一个职能和地位发生了全新变化的新政府，其有自己独特的区别于以往政府的运行机制。

四、笔者提出的研究背景和研究目标

本书的研究背景是在我国审计前辈们经过几代人的共同努力，在取得大量的研究成果条件下实施的。笔者只是一个非常认真的领悟者，而且反复思考和推敲。本书的具体研究背景如下：

1. 经过几十年学术界研究及探讨，不仅国家审计服务于国家治理已形成共识，而且国家审计的民主化及政治化进程不断加快

论及国家审计与国家治理的关系，2008 年 3 月，国家审计长刘家义在中国审计学会五届三次理事会暨第二次理事论坛上首次提出了国家审计的本质是保障经济社会健康运行的"免疫系统"这一理论观点。随后，2009 年 5 月，刘家义又在《求是》杂志上发表了《树立科学审计理念，发挥审计监督"免疫系统"功能》一文，标志着其审计"免疫系统"理论体系的初步形成。

刘家义的关系论反映在三个方面：一是从国家治理结构的角度来看，国家治理结构中需要有一个环节来保障国家经济社会的健康运行，审计正是这样一个环节，充当保障国家经济社会健康运行的"免疫系统"，这是国家治理制度的必然安排。二是从系统论的角度来看，国家是一个大系统，其内部有许多子系统，每个子系统都有各自特定的功能，审计这个子系统的功能，实际被定位在发挥"免疫系统"功能上。三是从审计所承担的历史使命来看，国家审计是法律授权的监督，其职责是保障纳税人的钱用得真实、合法、有效，确保少出问题、不出问题，特别是不出大问题。要达到这一要求，审计就不仅要发现问题、处理问题、纠正问题，还要针对这些问题提出完善法治、强化管理、改进工作的意见、建议，才能促进管好用好资金和财产。

冯均科（2011）认为，国家审计作为国家治理工具具有特殊意义，拓展了国家审计的作用范围，从单纯审查财务财政收支到关注体制与制度的

改革，到强化对官员个人权力的制衡，表现在经济责任审计的深化；最后增加对执法机构的约束，表现在国家审计立法功能的突起①。

杨肃昌、李敬道（2011）指出，从表面来看，审计关注的似乎是经济社会，但依政治学来看，审计关注的实则是支配或影响经济社会运行背后的公共权力及其所掌握的公共资源。要实现经济社会的健康发展，既离不开公共资源的支撑，也离不开支配公共资源背后的公共权力，所以抓住公共资源和公共权力，就等于抓住了问题的实质。于是，审计必须做到温家宝所说的"行政权力运行到哪里，监督就落实到哪里；财政资金运用到哪里，审计就跟进到哪里"。审计监督和制约的是什么权力？宏观讲是一种行政权的运行，微观讲主要是支配和管理国家财政收支方面的权力。正是由于国家审计所内置的权力制约功能，才使国家审计被赋予了浓重的宪政意义。目前世界上绝大多数国家都把国家审计的设置与职责列入宪法，确立了其在国家基本政治制度中的宪法地位②。

蔡春、蔡利（2012）认为，国家审计与国家治理是相伴相生、相互依存、相互促进的关系，这种相互关系可以从以下四个方面寻找到依据：从审计历史层面而言，国家审计与国家治理具有浓厚的历史渊源；从理论层面而言，国家审计与国家治理的理论基石均为公共受托经济责任；从法律层面而言，国家审计依法建立，是国家治理的重要组成部分；从实践层面而言，国家审计功能的发挥可以促进国家治理的改善③。

笔者认为：对国家审计的本质与国家治理的本质两者之间联系十分紧密。在国家治理中，国家审计实质上是国家依法用权力监督制约权力的行为，其本质是国家治理这个大系统中的一个内生的具有预防、揭示和抵御

---

① 冯均科. 国家审计新观念：国家审计是国家治理的工具 [J]. 现代审计与经济，2011 (6)：4-6.

② 杨肃昌，李敬道. 从政治学视角论国家审计是国家治理中的"免疫系统" [J]. 审计研究，2011 (6).

③ 蔡春，蔡利. 国家审计理论研究的新发展——基于国家治理视角的初步思考 [J]. 审计与经济研究，2012 (2).

功能的"免疫系统"，是国家治理的重要组成部分。国家审计是国家治理体系中监督子系统的重要组成部分，国家审计从事一切活动，应服从和适应国家治理的总体要求，其所奉行的理念、应承担的责任、职能的定位等一切制度的安排选择、变革创新都应当以国家治理为核心。

2. 中国传统的国家治理模式面临越来越多的挑战

笔者认为，我国传统国家治理模式面临的挑战分别表现在以下四个方面：在国家审计对公共权力制约与监督方面；在对机会主义制衡方面；在国家治理转型矛盾处理方面；在社会文化建设方面。

郑石桥（2014）以信息经济学为基础，按委托代理关系、机会主义、治理机制和政府审计的逻辑顺序，分析政府审计为什么能和如何对公共权力进行制约和监督。公共权力及其运行离不开委托代理关系，由于信息不对称、激励不相容和环境不确定，公共权力机会主义必然出现。在应对公共权力机会主义的治理机制中，事前审计是制衡机制，跟踪审计是监督机制，事后审计是问责信息保障机制，其基本功能是鉴证公共权力机构在责任履行、资源使用、信息报告、最大善意和运行机制方面是否存在机会主义行为[①]。

孙时松（2012）认为，责任、秩序和效益是国家审计促进国家治理着力点的重心，国家审计是强化公共受托责任实现的监督机制，国家审计是维护财政经济秩序的锐利武器，国家审计是提高经济效益的重要工具。他还认为，转型时期国家治理需求下的国家审计工作着力点分析：强化领导干部经济责任审计，促进权力责任法制化、秩序化；探索政策执行效果审计，明确国家治理中政府的责任；加强资源支配审计，提高社会资源的支配和使用效益；加大违法违纪案例查处力度，维持经济社会发展良好秩序[②]。

笔者认为，民主法治文明、社会文明建设同样依赖于国家治理及国家

---

① 郑石桥. 审计理论研究：基础理论视角 [M]. 北京：中国人民大学出版社，2016.
② 孙时松. 审计成果深加工的几点做法 [J]. 审计月刊，2012 (3).

审计。陈献东（2012）认为，国家审计只有在文化建设中有所为，才能推动文化建设领域的国家治理完善。

国家审计对国家治理的重要作用主要体现在六个方面：一是促进国家宏观政策的落实，保证经济社会发展目标的实现；二是揭示和反映体制、机制、制度方面的问题，推动深化改革；三是揭示经济社会发展中的突出矛盾和潜在风险，维护国家安全；四是着力解决涉及群众利益的突出问题，促进改善民生；五是查处违法违纪行为，推进反腐倡廉建设；六是监督制约权力的运行，促进民主法治建设。学术界普遍认为，国家审计参与国家治理的路径包括：地方性政府债务审计、经济责任审计、绩效审计、投资审计、跟踪审计。它们是国家审计推动和服务国家治理的重要途径。

如果国家治理没有公众参与或公众监督，既不会合理保障公众利益，也不会增加国家审计的公信力，更不会真正提高公共治理水平。例如，陈献东（2013）认为，公众参与是国家治理的重要内容。进行信息认证和实施审计问责是国家审计助推公众有序参与国家治理的主要方式，具体路径包括向社会公开征集审计项目计划、向社会公开审计过程中的阶段性审计结果和最终审计结果、向社会公开审计建议、审计直接问责或间接问责等①。

3. 公共型国家审计与行政型国家审计差距日益加大，使公共治理与国家治理之间的协同治理效应及协同模式日益彰显

国家审计服务国家治理的内在机理是：合理的制度安排、有效的责任落实和规范的权力运行是国家良治的三个基础性要素，其中制度安排决定着国家治理的整体架构，权力运行是国家治理的运转载体，落实责任是国家治理的逻辑起点。这三个因素是国家治理与国家审计相互影响的主要方面，即促进完善制度是国家审计服务国家治理的内在动力；监督权力是国家审计服务国家治理的关键节点；推动落实责任是国家审计服务国家治理的基础起点。

---

① 陈献东. 国家审计助推公众有序参与国家治理研究 ［J］. 会计之友，2013（18）.

党的十八大提出的通过经济建设、政治建设、文化建设、社会建设、生态文明建设"五位一体"战略总布局的要求，来确定国家审计服务国家治理的重点内容。一是在服务经济建设方面，应全面履行监督职责，不断推动经济体制改革深化、宏观经济政策贯彻落实、经济发展方式加快转变，为国民经济持续、健康、快速发展保驾护航；二是在服务政治建设方面，应当积极推动责任、透明、法治、廉洁、公平和正义等原则和理念的落实，全力促进规范和监督部门权力运行，全面助推民主法治建设进程；三是在服务文化建设方面，应当依据文化建设的战略布局谋划审计为其服务的方向和目标，从文化建设政策保障上找准审计服务的切入点，从文化建设需求与审计职能的结合点上探寻审计发挥作用的方式与路径；四是在服务社会建设方面，应当在协调行业、阶层、城乡、区域、经济与社会、人与自然等各方面利益关系上下功夫，监督重点民生资金运行和项目建设情况，促进合理配置公共资源，维护社会和谐稳定；五是在服务生态文明建设方面，应当致力于推动生态环境保护与改善，促进资源综合利用水平的提升，促进生产生活方式的转变、产业与消费结构的调整，促进建设资源集约型、环境友好型社会。

对于国家审计的民主法治化建设，我国著名的审计学家杨时展教授有过精辟的论述，他指出，民主是现代审计的实质，审计是民主政治的表现；民主是现代审计的目的，审计是现代民主的手段。没有现代审计这一手段，就很难达到现代民主这个目的；而没有现代民主这个目的，现代审计也就失去其意义（文硕，1996）。

赵小明（2005）认为，在奴隶社会和封建社会，国家审计由君主授权，并且只向君主个人负责。这种审计与民主法治没有什么联系。现代审计不仅是民主与法治的产物，更是民主与法治建设的工具，现代审计应在我国社会主义民主与法治建设中发挥积极作用①。

国家审计民主法治化建设应有高标准、高要求。例如，石爱中

①　赵小明. 审计：民主与法制建设的利器［J］. 审计与经济研究，2005（3）.

（2003）指出，从历史角度来分析，现代国家审计发展的动因与其说是经济的，不如说是政治的，其真实动因应该是政治民主化。这在我国的审计实践中得到了充分的印证，我国的审计实践表明，只有将权力制约和信息公开作为其自觉意识和原动力，国家审计的内在动因才能真正得到体现，国家审计才能还原它本来面目，才能真正发挥出它应有的、不可替代的重要作用。

张立民、张阳（2004）认为，国家审计既是政治民主的内在要求，也是实现政治民主的必要手段。[①] 首先，虽然公共资源分配与使用的政策决定在政治理论上应该是集体选择的结果，但集体选择的决策费用很高，而且，结果可能是低效率的。因此，授权决策、由行政官僚系统行使公共资源管理的责任，成为政治体制安排的普遍现象。由此产生了新制度经济学提出的代理问题，逆向选择和道德风险是公众与官僚机构的契约安排中必须设法解决的问题。国家审计作为对行政官僚履行经济责任有关信息的独立检查、评价与反馈，是保证公共资源有关委托代理合约安排的谈判、确定、实施、完善的必要条件。其次，民主政治作为一种制度安排，体现在相应的政治过程和政治机制中，它确保社会大众参与、影响政治过程的平等机会。为此，所有的公民都应有了解政治事务的渠道，他们应该能够评价那些影响他们福利的提案和推进公共利益改善的政策。国家审计以其特有的专业能力和客观独立的地位，在提供有关经济信息、提高政府对公共资源运用活动有关信息可靠性方面，有着特殊的优势，发挥着不可或缺的作用。

石爱中（2005）认为，政治民主化有两个重要前提：建立有效的权力监督和制约机制；提升政府信息的对称性和透明性。而这两点恰好是对现代国家审计提出的基本要求。或者说，现代国家审计主要是为了解决这两个问题而产生的，对旧的传统的国家审计的改造和革新也同样是为了更好

---

① 张立民，张阳. 国家审计的定位与中国政治民主建设——从对权力的制约和监督谈起 [J]. 中山大学学报，2004（3）.

地解决这两个问题。①

张庆龙（2008）认为，政府审计天然地以监督和限制政府权力为核心，以维护纳税人的权利为目的，这也正是宪政理念的体现。②

4. 国家审计表现出的社会治理及公共治理功能越来越显著

（1）国家审计推进民主法治的作用机理。党的十六大报告《全面建设小康社会，开创中国特色社会主义事业新局面》指出："加强对权力的制衡和监督。建立结构合理、配置科学、程序严密、制约有效的权力运行机制，从决策和执行等环节加强对权力的监督，保证把人民赋予的权力真正用来为人民谋利益。重点加强对领导干部特别是主要领导干部的监督，加强对人财物管理和使用的监督。强化领导班子内部监督，完善重大事项和重要干部任免的决定程序。改革和完善党的纪律检查体制，建立和完善巡视制度。发挥司法机关和行政监察、审计等职能部门的作用。"这个报告第一次明确地提出了我国审计在对权力的制约和监督方面的职责，标志着对国家审计在国家民主制度建设中功能定位的新突破。

刘家义（2009）指出，审计的根本目标是维护人民群众的根本利益，在现阶段就是"推进法治、维护民生、推动改革、促进发展"；审计的首要任务是维护国家经济安全、保障国家利益、推进民主法治、促进全面协调可持续发展；审计的基本工作方针是"依法审计、服务大局、围绕中心、突出重点、求真务实"。③

喻中（2002）认为，权力监督的方式主要有三种：党内监督、法律监督和群众监督。法律监督是指国家机关依照法律规定的职权和法律规定的程序对权力运用是否合法所进行的监督，其具体包括三种形式：一是人大监督，即人民代表大会及其常委会对"一府两院"的监督；二是司法监

---

① 石爱中. 审计学的学科属性及其教学要求 [J]. 审计与经济研究，2005（4）.
② 张庆龙. 政府部门内部控制框架：研究选评与启示 [J]. 会计研究，2008（3）.
③ 刘家义. 国务院关于 2008 年度中央预算执行和其他财政收支的审计工作报告 [J]. 中国内部审计，2009（7）.

督，即人民法院和人民检察院依照法定职权、法定程序对有关的权力主体进行的监督；三是行政监督，它既包括上级行政机关对下级行政机关进行的一般监督，也包括行政监察机关、审计机关依法进行的专门监督。①

吴振钧（2007）认为，权力制衡与现代法治的内在关联，是法律史上的一个经典概念。法治意味着法律的统治、意味着良法的至高无上，作为一种良法被普遍遵守的状态，法治和法治秩序具有相通的内涵。权力制衡无论是从过程还是从结果来说，最终必须纳入法治的轨道，才能保证它的有效性和可持续性。同时，法治必须依赖权力制衡的政治结构基础，才能符合现代民主的要求，从而构建法律至上的良好状态。②

（2）国家审计服务于国家治理的公共治理功能也表现在社会转型中促进社会和谐。国家审计应以其特有的视角对密切关系公众利益的教育、医疗、物价、食品安全、资源环境等领域中的问题和涉及民生的政府重大投资项目中的风险、潜在问题敏锐感知，予以揭示，并提出建设性意见。

总之，笔者认为，科学的公共治理制度设计、严谨的公共权力约束机制运行、有效的公共责任履行才是国家审计服务于国家治理模式及公共治理模式之间保持和谐机理的"三大基石"。

五、本书的研究目标

1. 国家审计服务于国家治理乃至公共治理的制度化

国家审计服务于国家治理功能，必须形成制度化；我国经济转型及社会转型期国家审计的制度化建设和制度化运行迫在眉睫。

王小晴（1998）认为，中国政治体制必须体现出一种对权力监督机制、制约机制、纠错机制和更替机制，解决权力过分集中的问题，把国家

---

① 喻中. 法律文化视野中的权力（第二版）[M]. 济南：山东大学出版社，2004.
② 吴振钧. 权力监督与制衡 [M]. 北京：中国人民大学出版社，2008.

最高权力纳入制度化运作轨道。①

谢鹏程（2007）认为，政治要稳定，就必须依法保障公民权利、规制国家权力，通过政治的法治化实现公民权利与国家权力的良性互动。而这又关键在于三个机制的法治化：一是人民群众利益诉求的有序表达机制；二是民主选举、民主决策、民主管理和民主监督的程序保障机制；三是国家权力运行的监督制约机制。法治是个人专制的对立物，是把权力置于有效控制之中的政治状态。监督制约是社会主义法治中权力控制的基本形式，也是实行依法治国的关键机制。② 一般而言，对权力的监督制约有两种基本方式：一是以权力监督和制约权力；二是以权利监督权力。社会主义法治防止权力滥用和保证权力正确行使的基本措施就是，建立结构合理、配置科学、程序严密、制约有效、监督有力的权力运行机制，把决策、执行等环节的权力全部纳入监督制约机制之中，保证权力沿着制度化、法律化的轨道运行。从世界范围来看，现代法治是以民主为核心的法治，普遍关注公共权力的有效制约和合理运行。资本主义国家实行多党竞争和分权制衡的政治体制，在其法治系统中不需要也不可能有相对独立的法律监督机制；社会主义国家则实行共产党领导的、贯彻民主集中制原则的人民代表大会制度，在这种政治体制中，由于人民代表大会和其他国家机关之间不存在分权制衡的关系，所以必须建立一套相对独立的法律监督机制，形成对各种权力的有效监督和制约。

于立深（2010）认为，现有的行政决策民主机制在运转过程中，既存在形式主义问题，也存在决策过度民主化而导致无法做出科学决策的现象。从民主与法治相互作用的视角来看，我国需要制定统一的行政程序法典从外部来规制行政决策民主，既需要完善政府工作规则以便从内部规范行政决策民主的各个环节，也需要增进公务员的科学决策水平。③

① 王小晴. 法治的法理学研究述评 [J]. 江汉论坛, 1998 (7).
② 谢鹏程. 论社会主义法治理念 [J]. 中国社会科学, 2007 (1).
③ 于立深. 依申请政府信息公开制度运行的实证分析 [J]. 法商研究, 2010 (2).

2. 中国特色的国家审计制度和国家治理制度

我国的国家审计制度是中国特色社会主义制度的重要组成部分，应随着特色社会主义制度的发展而不断进行探索和创新，以适应我国政治、经济和社会发展对国家审计监督的现实需要。随着经济全球化的深入发展和大数据信息时代的到来，我国政治、经济和文化的发展，已经高度融入世界发展潮流，并对世界政治、经济和文化发展产生深远的影响。因此，从我国的国家治理视角，进一步分析中国国家审计在中国特色社会主义制度中的地位、职能和作用，创新国家审计理论，促进国家审计体制改革，完善国家审计制度，是时代赋予当代中国审计理论和实践工作者的艰巨任务，也是中国审计人必须承担的光荣责任。

在中国特色政治制度背景下，怎样正确分析中国的国家审计制度与中国现代化进程、中国社会和谐、中国民主及法治建设、公有制条件下的市场经济环境和小康社会建设的关系值得理论界关注。

刘家义指出，在审计机关成立之初，我们将审计定位在查错纠弊，后来提出审计是国有资产的守护神，进而认识到审计是民主法治的产物和推进民主法治的手段，是保障国家经济社会健康运行的免疫系统，这是我们在不同历史发展阶段，从不同角度认识国家审计的地位作用所做出的概括和总结。

刘家义认为，作为免疫系统，审计监督要发挥好三方面的功能：一是必须充分发挥预防功能，及时发现苗头性、倾向性问题，及早发出警报，起到预警作用；二是必须充分发挥揭露功能，必须查错纠弊；三是必须充分发挥抵御功能，审计不仅要揭露问题，更要对产生这些问题的原因，提出改革体制、健全法制、完善制度、规范机制、强化管理、防范风险的建议，提高经济社会运行质量和绩效，推动经济社会全面协调可持续发展。

中国特色的国家审计符合共产党的执政要求。胡伟（1998）认为，大党治理是指中国是共产党领导的社会主义国家，建构了行政权力高度集中的威权体制。这是中国国家治理的政治前提。共产党在当代中国不仅是事实上的一种社会公共权力，而且也是政府机构的领导核心。①

王家新认为，中国特色的社会主义国家审计制度具有内在优越性。我国国家审计制度本质上是一种人民监督制度，是宪法赋予的由国家审计机关代表人民行使国家监督权的一种制度保证。② 它决定了我国国家审计的性质是人民民主监督的政治体现。历史上，新兴资产阶级大多是通过暴力革命或"玫瑰革命"从封建专制制度或殖民地宗主国手中夺取政权，建立代表资产阶级利益的宪政国家，其国家审计本质上是国家经济权力内部制衡关系的监督手段。因此，国家审计机关被嵌入在权力授予关键节点上——立法会，以对权力所赋予的责任履行情况进行检查并向权力机关进行报告，即问责（Ac-countability）。而通过劳动人民革命建立的国家，一开始就是对人民负责、接受人民的委托和监督、保障人民利益的权力机关，并以人民政府为主导，实行政府和社会对国家的共同治理。其国家审计机关，是嵌入在国家机关权力运行关键节点上——各级行政机关，以监督行政权力在经济领域的运行是否遵纪、守法和合规，目的是保障人民利益，维护经济安全。因此，从根本上来说，与西方国家的国家审计作为国家权力机构相互制衡的手段不同，我国国家审计是对国家行政权力在经济领域运行的监督手段，是与我国人民民主专政制度相适应的。从政治制度上来看，我国国家审计制度也是政治制度的一种安排，是中国共产党对党内职位权力自我约束和监督制度的一个重要组成部分。

国家审计是推进依法治国的政治工具。法治是民主国家的治国方略，在法治条件下，政府因人民的同意而成立，法律是人民给政府的授权委托书。因此，政府和法律存在的全部目的就是为了维护人民的权利，政府的权力运行必须以保障人民权利为目标，公权力的行使受到严格的限制，任何公权力的行使都应受到人民的严格监督。国家审计明显具有"第四种权力"的独立性、专业性、公益性和监督性的独特品质，国家审计主体以公

---

① 胡伟. 政府应当做什么和不应当做什么 [J]. 探索与争鸣，1998（2）.
② 王家新. 国家审计的政治经济分析 [M]. 上海：上海三联书店，2013.

共利益为依归，依法为社会和公民提供公共服务，体现人民的意志和利益，是一种相对独立的公共权力。国家审计的这种性质意味着它的权力配置模式是在对所有与公权力有关的国家机关进行监督时只对法律负责。

3. 研究国家审计、国家治理及公共治理模式中的冲突及挑战

目前，我国还处于社会经济转型时期，良好的国家治理机制主要体现在应对转型危机的能力和在面临治理危机时是否具有自我矫正和调试的能力上。我国现阶段的国家审计是国家治理这个大系统中一个内生的具有预防、揭示和抵御功能的"免疫系统"，担负着保障人民利益，维护国家经济安全的重要职责，是国家治理的重要手段。

转型期的国家审计面临着三种结构性冲突，即政府—市场的结构性冲突、市场—社会的结构性冲突、社会—政府的结构性冲突。为此，需要国家治理及公共治理协同嵌入和结构性嵌入到以上三种冲突中，以解决整个国家综合治理体系中存在的各项矛盾。

首先，在解决政府与市场之间的冲突中，王家新认为，作为两种不同的治理机制，市场解决的是微观层面的问题，政府解决的是宏观发展层面的问题，两者可以在各自的职能领域充分发挥作用的同时，又可以对对方进行监督和制约。在政府治理与市场治理的过程中，两者产生矛盾是因为两者有利益冲突，政府治理与市场治理的主体都是经济人，他们不愿放弃自己的既得利益，不愿把自己的利益让渡给对方；另外，两者价值取向的不同也是产生矛盾的根源。政府进行公共管理的合法性来源于公众的委托授权，其价值取向必须以公共利益为指向。市场是基于经济理性进行活动的，以私人利益最大化为其价值取向。政府治理与市场治理之间的合作绝对有必要却又充满各种矛盾，同时由于两者都有其内在的或先天的不足，依靠它们自身的力量并不能处理好两者的矛盾，因此，需要引进新的机制来协调整合。

政府与市场机制的整合关注的是过度或失灵的问题，换言之，是两者配合的尺度和有效性。根据"经济人"假设，个体总是逐利的，并不断使

自己的利益最大化。市场中的个体也是同样如此，道德等非正式制度的治理并不能真正抑制企业谋求利益的行为冲动和投机偏好。面对利益，市场中的个体可能会想方设法地采取各种违背道德、破坏市场秩序、钻法律漏洞甚至是以违反法律的行为来攫取超额利润。由于缺乏自然的强制力，市场在面对一些混乱局面时显得无所适从，各种契约精神、软制度和非正式制度在利益面前显得苍白无力。

作为看不见的手，市场机制的运行存在先天的不足，要求政府机制的介入和调控，否则整个社会的运行可能会陷入巨大的危机；而政府机制介入行动也需要有明确的依据，否则将会破坏市场本身的运行规律从而带来不必要的损失。此外，政府的特殊垄断地位会产生寻租及腐败，导致资源的无效配置和分配格局的扭曲，产生大量的社会成本，损失社会效率。国家审计可以为政府与市场的整合提供必要的连接，其提供的数据能作为政府有效调控市场行为的基础，进而避免过度或失灵的问题；同时其提供的监控机制也能通过"火炉效应"防范政府在进行市场调控过程中的寻租与腐败行为。换言之，国家审计在政府—市场治理机制的连接中从主观取向和客观策略方面都起到了良好的保障作用。

其次，在市场与社会之间的冲突解决中，市场经济与公民社会之间存在双向互动关系，在市场和社会相互关系的早期，两者是相辅相成的相互促进关系，但是当市场经济发展到一定规模、社会力量足够强大时，两者的关系出现了一定的变化。市场和社会出现一定的竞争关系。一方面，市场中的个体行为和社会的利益并不总是一致。个体总是趋向于利益最大而无视公共利益，即便个体基于道德等原因也会考虑公共利益，但是公共利益总是放在个体利益之后。而公共利益有时也会与个体利益相冲突。另一方面，虽然有时市场个体和社会团体的分散化的决策是朝着共同的方向迈进的，但是更多时候是相互毫无关系、不能形成合力来实现公共利益，甚至是南辕北辙，互相冲突，相互较力直至相互抵消。

治理的多中心的合作网络是建立在相互依赖、分享权力和共担责任的基础之上的。这种结构带来了公私界限的模糊和责任认定的困难。在市场机制和社会机制存在相互竞争和行为矛盾的情况下，如何协调国家治理框架中这两种重要的组成部分成为需要解决的关键问题。国家审计在一定程度上可以承担这个艰巨的任务，其提供的信息可以作为市场主体和社会主体共享的决策基础，并对其利益取向进行必要的引导，从而协调两种不同治理机制之间存在的分歧与冲突，避免经济企业与公民社会组织之间的矛盾，从而获得更好的市场—社会机制的治理成效。

最后，在社会与政府之间的冲突解决中，政府作为治理主体之一，其所依赖的公权力源于民众，是人们为了维护社会秩序或增进公共利益而进行部分权力的出让。尽管政府治理强调政府在治理过程中发挥主导作用，但随着政府权力的扩张、行政的复杂性，以及官僚组织体系所固有的一些弊端如官僚主义、本位主义、效率低下等问题，导致政府治理可能会偏离其原本的方向。新公共管理背景下的政府回应是与社会主导型的互动，网络治理结构要求政府能够及时地对网络中的其他组织进行信息的回馈，通过官民的不断互动、协商和妥协，最终形成一个比较稳定的社会秩序。

政府需要公开披露自己的政务信息，建立公开的信息数据库，让社会各方能够随时地观察和利用政务信息，方便社会力量参与社会事务和对政府的活动进行监督。而社会治理要求公民与其他社会组织积极参与公共事务的管理，有效地监督公共权力的行使，公民权利制约公共权力，在一定程度上形成对政府的制衡。

在国家治理的总体框架中，政府机制作为公共权力的代表，在治理格局中居于权威和强势地位，因此，其必须具备回应性的特征，即有效的收集和明确的披露自身的治理信息，主动接受外来的监督约束。作为治理机制的"第三域"，社会机制的行动资源和行动能力可以补充政府治理的不足，其独立的地位、客观性、专业性和权威性使其发表的意见极具公信力，同时也对政府改善和提高行动能力产生潜在压力。那么，体现回应性的有效机制和公民社会发挥监督制衡作用的信息基础是什么呢，正是国家审计。可以说，在社会—政府治理机制的整合中，国家审计就是政府回应的重要机制，不仅是治理信息的重要来源与展示平台，也是社会监督和制衡权力使用的合法性与有效性的基础。

善治的本质就在于公共整合治理，实现公共利益的最大化。治理主体可以是政府主导，但政府不再是国家治理的单一选项，而是来自不同领域、不同层级的公私行为体，各行为体在互信、互利、相互依存的基础上进行持续不断的协商谈判，参与合作，求同存异，化解冲突与矛盾，维持社会秩序，在满足各参与行为主体利益的同时，最终实现社会发展和公共利益的最大化。总而言之，作为国家治理机制的重要内部枢纽，国家审计在政府和市场机制的整合中承担了导向与监控的角色，在市场和社会机制的整合中承担了利益协调的角色，在社会与政府机制的整合中承担了信息回应和权力制衡的角色，从而使三类单一治理机制有效协调，形成以政府治理为主导、多中心的合作型治理框架，为达到保障人民利益、维护国家经济安全的善治目标提供必要的条件。

第二节　研究意义

对国家审计服务于国家治理、服务于公共治理的研究，只有从制度化的角度才能找到应有的研究深度，本书力求做到这一点。公共审计不是简单的经济基础问题，而是上层建筑领域中有关社会公共治理结构的棘手问题。本书力求从制度化的角度研究公共审计的基本框架，从制度创新角度研究解决社会矛盾的根本方法。由此可见，公共审计的根本问题实质上是体制上、制度上的根本问题。本书力求从制度上、体制上研究和解决公共审计发展问题，只有这样，才能解决主要矛盾问题。

本书研究意义

1. 国家审计不仅服务于国家治理，而且更服务于国家统御下的公共治理

刘家义署长给国家审计做出准确定性。2008 年 3 月刘家义在中国审计学会五届三次理事会暨第二次理事论坛上首次提出了国家审计的本质是保障"经济""社会"健康运行的"免疫系统"这一理论观点。随后，2009年 5 月他又在《求是》杂志上发表了《树立科学审计理念，发挥审计监督"免疫系统"功能》一文，标志着其审计"免疫系统"理论体系的初步形成。刘家义（2010）指出，从古今中外的审计发展历史，尤其是我国实行社会主义审计制度的实践来看，审计的本质就是保障国家经济社会健康运行的"免疫系统"。

笔者认为，中国的公共治理水平高低是衡量国家审计质量的重要标准，只有国家审计能合理保障公众利益，增强国家审计的社会公信力，有效促进国家治理的社会转型，才能保障我国公共体制管理模式中的社会和谐。最终，服务于有效、公平、公正的公共治理体制。

笔者认为，国家审计服务国家治理的关键路径不仅是有"效率"，前提是还有"效果"。国家审计服务国家治理的路径包括"管好权""管好钱"和"管好事"三方面。

（1）着力"管好权"，将权力关进制度笼子。通过对那些具有权力高度集中、掌握稀缺资源、自由裁量权大等特点的重点部门、重要岗位的审计监督，促进行政问责、问廉、问效，促进权力运行公开化、资源配置市场化、操作行为规范化，为党委政府"把好关""管好权"。

（2）着力"管好钱"，提高全部政府性资金使用绩效。国家审计要探索全部政府性资金审计机制和绩效审计模式，沿着全部政府性资金的收、支、管、用及其绩效这个脉络进行全方位、多层次的审计监督，促进提高

政府资源、资金配置的效能，促进切实管好"钱袋子"。

（3）着力"管好事"，在社会转型中促进社会和谐。国家审计应当以其特有的视角对密切关系公众利益的教育、医疗、物价、食品安全、资源环境等领域中的问题和涉及民生的政府重大投资项目中的风险、潜在问题敏锐感知，予以揭示，并提出建设性意见。总之，"管好事"更表现为国家审计服务于公共治理的"效率"和"效果"。

陈献东（2013）认为，① 公众参与是国家治理的重要内容。进行信息认证和实施审计问责是国家审计助推公众有序参与国家治理的主要方式，具体路径包括向社会公开征集审计项目计划、向社会公开审计过程中的阶段性审计结果和最终审计结果、向社会公开审计建议、审计直接问责或间接问责等。

靳思昌、张立民（2013）提出，将国家审计的客体定位于公共产品，以保障国家审计服务于国家治理、履行其公共受托社会责任、有效发挥"免疫系统"功能。②

根据党的十八大提出的经济建设、政治建设、文化建设、社会建设、生态文明建设"五位一体"战略总布局的要求，来确定国家审计服务国家治理的重点内容。一是在服务经济建设方面，应当全面履行监督职责，不断推动经济体制改革深化、宏观经济政策贯彻落实、经济发展方式加快转变，为国民经济持续、健康、快速发展保驾护航；二是在服务政治建设方面，应当积极推动责任、透明、法治、廉洁、公平和正义等原则和理念的落实，全力促进规范和监督部门权力运行，全面助推民主法治建设进程；三是在服务文化建设方面，应当依据文化建设的战略布局谋划审计为其服务的方向和目标，从文化建设政策保障上找准审计服务的切入点，从文化建设需求与审计职能的结合点上探寻审计发挥作用的方式与路径；四是在

---

① 陈献东. 国家审计助推公众有序参与国家治理研究［J］. 会计之友，2013（18）.
② 靳思昌，张立民. 国家审计边界的定位：公共产品供给主体演进视角的分析［J］. 审计与经济研究，2013（6）.

服务社会建设方面，应当在协调行业、阶层、城乡、区域、经济与社会、人与自然等各方面利益关系上下功夫，监督重点民生资金运行和项目建设情况，促进合理配置公共资源，维护社会和谐稳定；五是在服务生态文明建设方面，应当致力于推动生态环境保护与改善，促进资源综合利用水平的提升，促进生产生活方式的转变、产业与消费结构的调整，促进建设资源集约型、环境友好型社会。

2. 中国特色的社会主义国家审计永远都姓"公"，不姓"私"

只有公共资源、公共产品、公共项目才是国家审计客体。最高审计机关国际组织1977年通过的《利马宣言——审计规则指南》指出，所有公共财务管理部门的收支，不论其是否反映或以什么形式反映在国家总预算中，都应由最高审计组织进行审计。公共财政管理部门未列入国家预算的部分也由最高审计组织进行审计，不属于免受审计的范围。审计机关的审计客体是政府及其所属的各部门和单位，这意味着审计客体包括三个层次：一是政府；二是政府所属的各个部门；三是政府投资的企业和其他单位。美国于1921年颁布的《预算和会计法案》规定，无论是在政府所在地或是其他地方，审计机关都有权调查所有与公共资金的收入、支出和运用有关的事务。

国家审计担当着神圣的"公共职责"，并完成公共任务及履行着公共义务。国家审计客体受中国特色社会主义国家审计环境的影响。审计客体是指审计活动的对象，也称为审计对象或被审计单位，它回答的基本问题是"审计谁"。从经济问责来说，审计客体是政府治理构造中的任务确定及资源分配子系统，这个子系统主要包括两个问题：一是任务确定；二是资源配置。一般来说，大多数国家的任务确定和资源配置都体现在财政预算中。我国有些特殊，资源配置体现在财政预算中，而任务确定体现在国民经济和社会发展战略、中长期规划和年度计划中，当然，财政预算也要体现其要求。这里的任务当然是"公共任务"，而这些资源分配当然是公共财政资源分配。所以，所有承担公共治理任务、使用公共资源的单位都应该是国家审计客体。

国家审计政治化的根本宗旨是维护公众利益，并且保护公众权益。冯均科（2003）指出[①]，审计作为一种政治工具，被许多人使用。在不同领导体制下，国家审计充任了不同的政治工具。国家审计是一种维护公共利益的政治工具，它在党派利益对抗中处于中间地位。

在全国诸多审计专家中，研究国家审计取得诸多成果，也各具特色。笔者较赞同杨肃昌和李敬道的观点。因为其不仅有穿透力，而且在研究路径、研究框架和研究思路上都具有画龙点睛的作用。杨肃昌、李敬道（2011）指出，从表面来看，审计关注的似乎是经济社会，但依政治学来看，审计关注的实则是支配或影响经济社会运行背后的公共权力及其所掌握的公共资源。要实现经济社会的健康发展，既离不开公共资源的支撑，又离不开支配公共资源背后的公共权力，所以抓住公共资源和公共权力，就等于抓住了问题的实质。于是，审计必须做到温家宝所说的"行政权力运行到哪里，监督就落实到哪里；财政资金运用到哪里，审计就跟进到哪里"。审计监督和制约的是什么权力？从宏观上来讲是一种行政权的运行，从微观来讲主要是支配和管理国家财政收支方面的权力。正是由于国家审计所内置的权力制约功能，才使国家审计被赋予了浓重的宪政意义。目前世界上绝大多数国家都把国家审计的设置与职责列入宪法，确立了其在国家基本政治制度中的宪法地位。[②]

3. 国家审计制度发挥公共治理功效的根本途径，是公共权力审计和公共责任审计

责任审计是国家审计的重要杠杆。2004年，李金华审计长在中央财经大学"中国财经法律论坛"讲演时指出，国家审计是国家治理的工具，要在国家治理过程中发挥不可替代的作用。而连接国家审计和治理之间的桥

---

① 冯均科："基于国家治理的国家审计制度分析"，在纪念审计署成立二十周年"全国审计理论研讨会"的发言，2003年8月。

② 杨肃昌，李敬道. 从政治学视角论国家审计是国家治理中的"免疫系统"［J］. 审计研究，2011（6）.

梁，就是今天的审计必须关注的"责任"。实现国家治理的途径很多，但现在的中国应明确责任，进而落实责任，是国家治理的关键所在（李金华，2005）。

冯均科（2011）认为，国家审计作为国家治理工具具有特殊意义，拓展了国家审计的作用范围，从单纯审查财务财政收支到关注体制与制度的改革；强化对官员个人权力的制衡，表现在经济责任审计的深化；增加对执法机构的约束，表现在国家审计立法功能的突起。

蔡春、朱荣、蔡利（2012）认为，为了解决公民与政府之间的委托代理问题，需要基于公共受托经济责任关系而建立相应的治理结构和运用适当的治理机制，即国家治理结构（机制），审计是其中之一。基于受托经济责任观，国家审计服务国家治理实现路径有五个方面：一是构建全新的公共受托经济责任报告体系，创新国家审计对象载体；二是建立健全绩效管理制度，全面推进政府绩效审计；三是树立受托经济责任理念，推进责任政府建立，进一步深化经济责任审计；四是构建并实施治理导向审计模式；五是构建并实施权力导向审计模式。

近年来，随着我国现代化、城市化及市场化的进一步发展，已经进入了一个公共性建设的飞速发展期。公共资源和公共产品得到较全面的公共治理；基础设施和民生项目得到更多的公共建设。"公众"已经成为营利与非盈利组织最重要的利害关系人。

与"公共性建设"俱来的重大审计变化是：责任审计及权力审计的服务对象已经演变为社会公众。例如，公立医院、公立学校等审计监督问题，公共福利的社会公正及社会公平问题，民主政治、民主政府、民生基础、公众评议或公众协商、公众决策问题等成为了社会公众最广泛议题。因此，从"公共性"起点出发研究审计，不仅有助于完善国家治理理论（乃至组织治理理论），也有助于完善责任理论和权力理论。

公共权力审计的研究价值是对权力理论的进一步完善，同样，公共责任审计的研究价值也是对责任理论的进一步完善。无论集权、分权，还是权力保障，权力始终是政治学及法学的研究对象。尽管东西方学者存在各种研究差异，但公认的权力控制论、权力能力论及权力关系论等基本理论则相对稳定。"责"与"权"永远是一对相互制衡、相互对立的矛盾统一体，审计问责就是完善权力鉴证，实现权力制衡和提高权力效益的必要手段。

此外，政府治理的最有效措施之一是建立"责任政府"。而建立责任政府就意味着政府必须根据宪法等法律规定，正确行使公共权力，以保障公民权利与公共利益。① 根据约翰·洛克的国家理论，政府审计代表政府（或国家）控制公权，使公权与私权、效益达成平衡。通过审计鉴证手段，对行政财权运行的合规性和效益性进行评估；独立及客观地界定政府对公共资源、公共产品或公共项目的责任；通过披露各项责任信息，克服治理中的信息不对称，充分满足公民知情权的需求；通过实施责任追究，强化对行政财权的约束以提高吏治水平。

从中国的环境来看，党和政府反复倡导对公共责任及公共权力的监督。党的十八大报告指出："推进权力运行公开化、规范化，完善党务公开、政务公开、司法公开和各领域办事公开制度，健全质询、问责、经济责任审计、引咎辞职、罢免等制度，加强党内监督、民主监督、法律监督、舆论监督，让人民监督权力，让权力在阳光下运行。"

人民利益或公众权益的呼唤，是我们有效履行公共责任和正确行使公共权力的根本宗旨。2018 年初习近平在"两会"中的全国人民代表大会第一次会议上讲话时强调："始终要把人民放在心中最高的位置。"他提出，一切国家机关工作人员，无论身居多高的职位，都必须牢记我们的共和国是中华人民共和国，始终要把人民放在心中最高的位置，始终全心全意为人民服务，始终为人民利益和幸福而努力工作。②

---

① 王和平，陈家刚. 论责任政府的宪政基础 [J]. 中国行政管理，2011（9）.
② 习近平在全国人大第一次会议上讲话 [N]. 人民日报，2018-03-20.

第三节　研究思路和研究方法

关于审计研究的主要观点，笔者用文献综述法，对审计前辈们的成果论述如下：

李若山（1995）最早认识到审计理论结构要素存在层次关系，审计理论结构是一个完整的系统。阎金锷和林炳发（1996）认为，在实践基础上形成的完整的、相互关联的合乎逻辑的理论框架，称为理论结构（或理论体系）。构成审计理论的诸要素及其相互联系的组合，也就是我们所说的审计理论结构（或框架）。林炳发（1997）认为，科学审计理论各要素的排列组合方式就是审计理论的结构，即审计的若干相互影响、相互制约、相互作用的要素在特定的时间和空间条件下是按一定的顺序或方式排列而构成一个有机的整体。刘明辉（2003）认为，审计理论结构也称审计理论体系，审计理论结构是指审计理论诸要素（组成部分）及其相互联系的组合，审计理论结构是一个逻辑系统。张建军（1996）认为，审计理论来源于审计实践，是对审计实践活动的概括总结。它可以用来解释审计实践，还可以指导甚至预测审计实践活动。张建军（1996）认为，审计理论是一种系统化的理性认识的内在结构。审计理论结构可以定义为审计理论系统内部各组成要素之间相互联系、相互作用的方式或程序，也就是审计理论体系内部各要素之间的排列和组合形式。

其实，笔者比较赞同张建军的观点，审计研究既要有系统性的路径，又要有内在结构。由表至里、由此知彼。审计研究更要理论切合社会实际，绝不能（也不可能）用线性、回归及正泰分布等数学手段进行审计研究。

一、关于审计研究的逻辑起点，在理论模式选择中，笔者赞同环境起点观和环境理论模式观

审计环境起点论认为，审计的产生和发展始终受环境的影响和支配。审计环境不仅是进行审计实践研究所必需的，也是研究审计本质、目标、规律所必需的。审计环境可分为审计外环境和审计内环境。审计外环境是指所处的社会环境中对审计实践有影响的社会、政治、经济和法律环境，它决定了审计目标，从而决定了对审计报告的要求，进一步影响着审计程序和审计方法。审计内环境是指在审计的发展过程中审计人员价值观念、审计思想、审计文化、审计工作内容等。它决定着审计的本质，从而决定了审计的职能，进一步决定着审计程序和方法。审计本质、审计职能、审计目标等最终统一在特定时空条件下的审计环境中。持审计环境观的学者包括陈建明（1996）、李东平和古继红（1996）、俞宏（2001）、刘明辉（2003）、赵华和许福敏（2004）、王炳华（2007）、谢诗芬（2000）等。陈建明（1996）指出，构建审计理论结构应以审计环境为起点，审计环境具有高度的综合性，包含了审计实践的全部内容，孕育着审计理论要素的全部"胚胎"；从审计环境出发构建审计理论结构，可以揭示审计发展过程的全部因素和发展规律，从而具有全面性、完整性，是比较科学的审计理论结构。

刘兵（1995）认为，审计环境是审计理论研究的逻辑新起点。审计目的、审计本质，职能与审计目标最终统一在特定时空条件下的审计环境中。审计基本理论相对于审计应用理论而言，应相对稳定，但随着审计目的的变动以及人们对审计认识的加深，也应作适当的调整，以适应变化的环境。审计目标既是审计应用理论的起点（理论基点），也是审计基本理论的终点，连接审计基本理论和应用理论的关键结合点，起承上启下的作用。它是审计目的与审计职能相互耦合部分。审计基本理论的起点是审

本质。审计假设是审计基本理论的基石，审计基本概念和基本原理由审计假设推导而来。据此刘兵建立了如图 1-1 所示的审计理论结构。

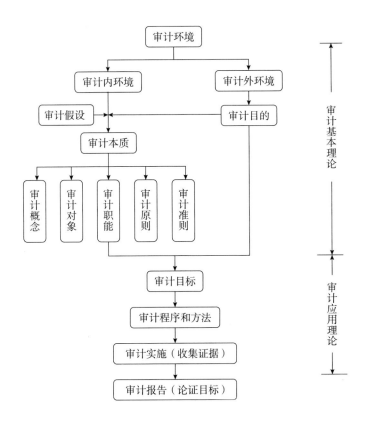

图 1-1　刘兵的审计理论结构

笔者认为，通过建立完整的一套审计理论体系，更是科学、合理的审计研究方法。为此，刘明辉教授一直不懈努力并得到国内学术界普遍认可。

刘明辉（2003）认为，审计理论体系由审计理论的逻辑起点、前提与导向、审计基本理论、审计规范理论、审计应用理论和审计相关理论五个层次所组成（如图 1-2 所示）。

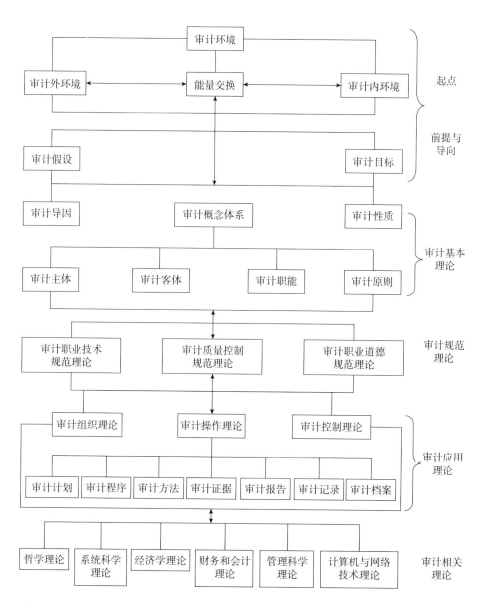

图1-2 刘明辉的审计理论体系

他分析认为，审计环境是审计理论研究的逻辑起点。审计假设是审计理论研究的前提。审计目标是审计理论和实务的导向。审计基本理论是指可以通用于任何独立审计活动的各种具有普遍指导性的审计理论。它是审计理论的精髓，由审计导因、审计概念体系、审计性质、审计主体、审计客体、审计职能、审计原则等构成。审计规范理论是指在审计基础理论指导下按照审计实践的基本规律而建立的一种审计理论。它由审计职业技术规范理论、审计质量控制规范理论和审计职业道德规范理论等内容所构成。审计应用理论是旨在指导审计实务、提供操作指南的审计理论。它包括审计组织理论、审计操作理论和审计控制理论三个有机部分。其中，审计操作理论又可分为一般审计业务操作理论和特殊审计业务操作理论两个方面。一般审计业务操作理论是指由审计计划、审计程序、审计方法、审计证据、审计工作底稿以及审计报告、审计记录、审计档案构成的基本体系；特殊审计业务操作理论是指由特殊目的业务审计、特殊行业业务审计和特殊性质业务审计构成的基本体系。审计相关理论是从事审计理论研究和审计实践工作所必须具备的其他学科理论，主要包括哲学理论、系统科学理论、经济学理论、财务和会计理论、管理科学理论、计算机与网络技术理论。

二、本书基于环境决定论，选择了研究思路及各种研究方法。既从环境出发，又得出最终研究结论。以环境为目标，提出问题、分析问题、解决问题

环境是系统与边界之外进行物质、能量和信息交换的客观事物或其总和。系统边界将起到对系统的投入与产出进行过滤的作用，在边界之外是系统的外部环境，它是系统存在、变化和发展的必要条件。虽然由于系统的作用会给外部环境带来某些变化，但更为重要的是，系统外部环境的性质和内容发生变化往往会引起系统的性质和功能发生变化。因此，任何一个具体的系统都必须具有适应外部环境变化的功能，否则，将难以生存与发展。

所谓审计环境，是指能够影响审计产生、存在和发展的一切外部因素的总和。国家审计环境是国家审计产生、存在和发展的前提和基础，一般可以分为政治环境、法律环境、经济环境和社会环境。

中国的审计环境界定及分类，在全国诸多研究成果中，笔者认为，只有学者尹平、郑石桥进行了最为详细的理论阐述。

1. 政治环境

政治环境主要指一国的政治制度。中国特色社会主义国家审计政治环境包括五方面的内容：一是党的领导、人民当家做主、依法治国有机统一；二是人民代表大会制度；三是中国共产党领导的多党合作和政治协商制度；四是基层群众自治制度；五是民主集中制（房宁，2010）。

党的领导、人民民主、依法治国有机统一，就是党对国家的领导是依法领导，目的在于保证国家在民主法治轨道上运行。坚持党的领导、人民民主和依法治国三者之间的有机统一，是基于以下原因：党的领导是人民当家做主和依法治国的根本保证；人民当家做主是社会主义民主政治的本质要求；依法治国是党领导人民治理国家的根本方略（房宁、周少来，2010）。

人民代表大会制度是中国的根本政治制度，既反映人民群众中不同群体的意见和呼声，同时又从全局出发将人民群众中各种意见集中综合起来，使国家的法律法规、政策措施能够统筹兼顾各方利益。

共产党领导的多党合作和政治协商制度是中国的政党制度。政治协商是中国民主制度的一大特色，通过政治协商可以广泛反映人民的各种利益要求，可以妥善化解人民内部的各种矛盾，使人民群众的局部利益、个别利益与整体利益、根本利益相互协调（房宁、周少来，2010）。

广泛的基层民主自治可以繁荣整个社会，从而为政治上层建筑提供社会支撑与基础结构。我国是一个人口众多的超大规模的社会，不仅存在着城乡之间的二元结构，而且在城市与城市之间、乡村与乡村之间也存在着巨大的差异，就是在基层群众间的不同阶层、不同职业之间也是千差万别。基层群众民主意识的不断增强，参与民主建设积极性的提高，是我国发展民主政治的极为宝贵的资源（马建武，2010）。

民主集中制的基本含义是民主基础上的集中和集中指导下的民主相结合。在民主集中制中，民主与集中是辩证统一的关系，民主是集中的前提和基础，集中是民主的指导和结果。民主集中制是无产阶级政党、社会主义国家机关和人民团体的根本的组织原则，它规定了领导和群众、上级和下级、部分和整体、组织和个人的正确关系。对无产阶级政党来说，就是要在党内努力形成又有集中又有民主，又有纪律又有自由，又有统一意志又有个人心情舒畅、生动活泼的政治局面。通过发展党内民主，积极推动人民民主的发展。对社会主义国家来说，民主集中制主要表现为全国人民代表大会和地方各级人民代表大会都由民主选举产生，对人民负责，受人民监督；国家行政、审判、检察机关都由人民代表大会选举产生，对它负责，受它监督；中央和地方国家机构职权的划分，遵循在中央统一领导和国家法制统一的前提下，充分发挥地方积极性和主动性的原则（武三中，2010；赵成斐，2011）。

2. 法律环境

法律环境是指一国法律的完善程度、执法力度和社会的法律意识。就法律完善程度来说，判断一国的法律体系是否完善以及完善或不完善到什么程度，有两个基本衡量标准：一是宪法标准。宪法是一国的根本法，它在我国是执政党最重要的主张和人民根本意志的体现，宪法必须得到全面切实的实施。是否已具备全面实施宪法所必需的法律，是衡量我国法律体系是否完善的首要标准。二是法律实践标准。这个标准的基本要求是，一切应该由法律调整的生活领域都有法可依，而且不同部门、不同位阶的全部法规性文件应该构成一个由宪法为统率的和谐统一的整体。根据上述标准，我国法制建设还处于转轨时期，各项法律还需要继续完善。但是，这种完善又不能脱离中国国情，过于理想化，而是需要逐步推进。

就执法力度和法律意识来说，在中华人民共和国成立之前，中国有数千年的皇权专制统治，这种统治的基本特征就是独裁人治。这种独裁人治文化对中国社会形成重大影响，并且，这种影响还在一定程度上继续存在，在一些情形下，法律依然没有足够的尊严，有法不依的现象还时常出现，权大于法的意识还很严重。

3. 经济环境

经济环境是指一国一定时期的经济体制特征及经济发展水平。我国经济体制最典型特征是中国特色社会主义市场经济，其本质特征是社会主义基本制度与市场经济相结合。以公有制为主体，多种所有制经济共同发展。其核心是"公有制为主体"，没有这个核心，社会主义基本经济制度也就不存在。非公有制经济与市场经济相结合，在经济体制稳定条件下不存在困难；而作为经济主体的公有制经济与市场经济相结合，必须在公有制经济的基础上建立起市场经济不可或缺的微观经济基础，这是前无古人的历史性探索。

就经济发展水平来说，在近几十年的时间里，中国经济实力及综合国力水平得到了长足的发展，经济总量排位居全球第二。就中国人均 GDP 来说，按照世界银行的分类标准，在进入 21 世纪之前，我国一直是世界上的低收入国家，当进入 21 世纪之后，我国排到中下等收入国家的行列，2010年中国人均 GDP 由中下等收入国家，进入上中等收入国家行列。然而，在中国经济高速发展的同时，也不可避免地出现了一些问题，例如，经济结构粗放、东西部区域发展不平衡、资源浪费、失业问题和收入分配失衡等问题。

4. 社会环境

社会环境主要包括社会传统文化、公民道德素质和信仰。对中国传统文化价值观持有不同的观点，然而，总体看来，表现出批评和赞美两种态度。例如，陈独秀、鲁迅、胡适、李大钊等为代表的"五四"知识分子，根据自己对中国现实的认真研究，通过与世界别国文明的比较，发现了中国传统文化的反文化性，发现了中国传统伦理道德的不道德性，发现了中国人国民性的严重缺陷（李建军，2009）。费孝通（1985）认为，以儒家文化为核心的传统文化，缺乏对个人权利和自由的尊重，缺乏平等意识和契约意识，结果是，总是把个人对家庭和国家的义务，转化为奴役和束缚；它以"三纲五常"为骨干，以家族伦理为基础，建构了"差序格局"性质的压抑型的伦理规范。然而，国学大师张岱年（2006）认为，中国几千年来文化传统的主要内涵是天人合一、以人为本、刚健自强、以和为贵。中国台湾学者郑伯埙（1991）认为，中国文化包括卓越创新、甘苦与共、团队精神、正直诚信、社会责任和敦亲睦邻。

公民道德素质及信仰是整体社会的基础。目前，中华民族的传统美德与体现时代要求的新的道德观念相融合，成为我国公民道德素质及信仰的主流。但是，社会思想意识多元、多样、多变日趋明显，一些领域和一些地方道德缺失，是非、善恶、美丑界限混淆，拜金主义、享乐主义、极端个人主义滋长，见利忘义、损公肥私行为时有发生，不讲信用、欺骗欺诈成为社会公害，以权谋私、腐化堕落现象严重存在。这些问题对正常的经济和社会秩序形成较严重的负面影响。

第四节　研究框架和预期创新

一、笔者的研究框架

笔者的研究框架既采用尹平、郑石桥的四层次的研究模式，又借鉴了刘家义的抑制各种机会主义思想的模式（如图1-3、图1-4所示）。

尹平、郑石桥认为，一般来说，国家治理的基本构造如图1-3所示，分为四个层级：第一层级是社会公众对国家治理的需求；第二层级是国家治理在政府治理、市场治理和民间治理之间的配置；第三层级是政府治理、市场治理和民间治理的构造，就政府治理构造来说，区分为三大要素；第四层级是政府治理三大要素的内部构造①。下面，我们简要阐述四个层次的构造。

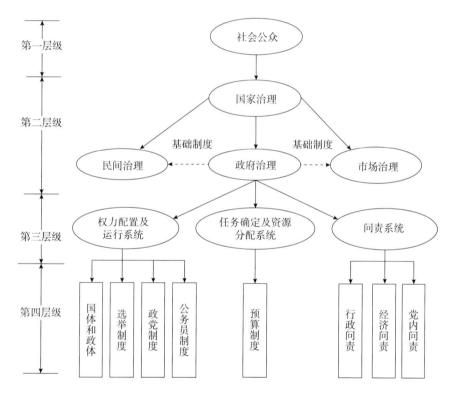

图1-3　国家治理构造

---

① 事实上，还有司法问责，我们将其作为政府治理给市场治理和民间治理提供法律及其实施的保障系统的一部分。

1. 第一层级是社会公众对国家治理的需求

尽管关于国家起源有多种学说。但是，无论如何，在一个固定的领土范围内居住着的人民客观上需要一种社会机制来管理和促进资源的有效配置，从而满足社会公众的需求。这种机制可以来源于君权神授，也可以来自于武力，还可以来源于选举。可见，国家治理的初衷应该是满足社会公众的需求，社会公众是国家治理的委托人，而国家治理主体是国家治理的供给者，是社会公众的代理人。当然，当国家治理主体掌控国家治理机制之后，可能背叛社会公众的利益，更多地体现自己的利益。

2. 第二层级是国家治理在政府治理、市场治理和民间治理之间的配置

政府治理是一种以官僚制为核心的科层结构，它体现了一种自上而下的权威关系，在其治理范围与领域内具备合法强制性、公共权威性，并以此为依托向社会提供法律、秩序以及基本的公共物品和服务。与政府治理相比，市场治理体现一种横向的制度协调机制，以自利性交易、公平竞争和经济利益激励为核心特征，各种经济主体在市场中进行交易活动以取得相应的经济利益。民间治理的核心组成要素包括大量的公民社会组织、社会运动、社会关系和网络，通常具有非官方性、独立性和自愿性等基本特征，社会成员可以在互惠性联合的基础上来协调集体行动，以获取合作收益（张慧君、景维民，2009）。

国家治理的构造，事实上也就是国家治理责任和治理权限在政府、市场和民间之间的配置。尽管政府治理、市场治理和民间治理形态不同、功能各异，但它们绝非各自独立、互不相关，也绝非处于平等地位。从相互关系来说，在国家治理这个大的治理构造中，政府治理、市场治理与民间治理相互协调、相互扶助，形成一种共生与互补的关系形态（张慧君、景维民，2009）。从地位来说，在国家治理构造中，政府治理具有主导地位，第一，市场治理和民间治理在整个国家治理构造中的地位是由政府治理来决定的，也就是说，政府治理事实上是国家治理"三分天下"的分配者。也正是因为这一点，不同国家的政府在社会经济生活中的作用不同，出现

所谓强政府和弱政府国家。同一国家在不同时代，政府的作用也不同，例如，在我国的计划经济时代，市场治理和民间治理基本上不起作用，政府治理几乎包揽全部监管职能。第二，政府治理还需要为市场治理和民间治理提供法律及其实施的保障系统（包括立法及公安、检察院和法院），为国家治理的平稳有效运行创建一个基本的制度环境，没有这个基本的制度环境，市场治理中必然出现大量的欺诈、违约以及损害公共安全的各种机会主义行为，民间治理也会成为利益集团俘获政府治理的工具。

Kornai（2001）告诫我们，在国家治理的构造上，要警惕三个谬误。第一个谬误是对政府治理的过度迷信。由于政治家的有限理性，官僚机构的自利行为，政府科层结构固有的信息、决策、激励等低效率弊病使政府无法将经济推至帕累托最优的效率边界，用政府替代市场可能会带来更大的损失。第二个谬误是对市场的过度迷信。由于存在规模经济、外部性、信息不对称以及收入分配等问题，市场自发的资源配置和秩序治理能力存在着内在的不足。20 世纪 30 年代经济危机则是市场失灵的集中表现。第三个谬误是对公民社会、非政府组织、非盈利机构以及社会资本的过度迷信。大多数公民社会组织既需要市场给予的资金来源，又需要政府在法律和政治上的支持，因此，脱离了经济与政治、市场与政府，公民社会只剩下一副空虚的外壳（张慧君、景维民，2009）。

3. 第三层级的构造是政府治理、市场治理和民间治理的内部构造

根据我们的主题，我们这里仅分析政府治理的内部构造。关于政府治理有不同的观点（史伟锋，2008）。一般认为，政府治理是指由政府治理理念、治理结构和运作方式与过程所构成的三位一体的有机框架或网络。所谓政府治理构造，简单地说，就是界定包括政府部门在内的利益相关各方权利的一系列制度安排。这个制度安排包括三个子系统：一是政府治理权力配置及运行系统；二是任务确定及资源分配系统；三是问责系统。政府治理权力配置及运行系统主要关心三个问题：一是建立政府治理主体，例如，国家和政府首脑、国家和政府机构；二是将政府治理的权力及职责

在不同的治理机构之间进行分配；三是为各种政府治理主体选择或配置人员。任务确定及资源分配系统，主要解决两个问题：一是任务确定，也就是确定政府治理主体使用公共资源具体做些什么事，确定各个政府治理主体的任务；二是资源配置，将公共资源分配到每个政府治理主体。问责系统主要是了解各政府治理主体任务完成及资源使用情况，并以此为基础，对政府治理主体进行奖励或处罚。政府治理的三个子系统并不是平等的地位，政府治理权力配置及运行系统事实上也就是治理权力分配，它是其他两个子系统的基础，其他两个子系统的运行质量很大程度上取决于权力配置子系统。不恰当的权力配置，可能导致任务确定及资源分配系统从属于权力配置系统。不恰当的权力配置，可能导致问责系统徒有虚名。

4. 第四层级是政府治理权力配置及运行系统

构造有两个基本问题：一是政府治理主体的建立和权责分配，最基本的问题是国体和政体；二是为各种治理主体选择或配置人员分为两个层级，包括政治家的选择和工作人员的选择。通常把国家的性质称为国体，具体地说，就是社会各阶级在国家中所处的地位。统治阶级的性质决定着国家的性质。国体即国家的阶级本质，它是由社会各阶级、阶层在国家中的地位所反映出来的国家根本属性。它包括两个方面：一是各阶级、各阶层在国家中所处的统治与被统治地位；二是各阶级、各阶层在统治集团内部所处的领导与被领导地位。不同类型国家的宪法对国体的表现方式不一致，资本主义国家宪法通常以"主权在民""全民国家"等超阶级的字样规定国体，否认国家的阶级本质。而社会主义国家则公开表明国家的阶级本质，宣布自己是无产阶级专政或人民民主专政的国家。政体一般是指一个国家政府的组织结构和管理体制，国体相同的国家，可能采取不同的政体，例如，资产阶级国家有君主立宪制、民主共和制（内阁制和总统制）等不同政体。中华人民共和国的政体是人民代表大会制。国体和政府结合起来，决定了政府治理方式。

任务确定和资源分配子系统的第四层级构造，要解决两个问题：一是任务确定；二是资源配置。任务确定就是决定各政府治理主体做些什么事，例如，建设什么公共项目等，而资源配置就是为确定要做的事项配置资源。任务确定是资源配置的基础，任务的确定需要资源来保障，而资源的配置也应该以任务为基础。一般来说，大多数国家的任务确定和资源配置都体现在财政预算中。我国有些特殊，资源配置体现在财政预算中，而任务确定体现在国民经济和社会发展战略、中长期规划和年度计划中，当然，财政预算也要体现其要求。财政预算是政府活动计划的一个反映，它体现了政府及其财政活动的范围、政府在特定时期所要实现的政策目标和政策手段。透过财政预算，可以使人们了解政府活动的范围和方向，也可以体现政府政策意图和目标。预算基本程序有四个阶段：编制、审批、执行和决算，这四个阶段也就是四种预算权。上述四种预算权是要分离的，不能由一个政府治理主体来行使。这就体现了政府治理权力配置及运行系统对任务确定及资源配置系统的制约。一般来说，预算审批是立法部门的权限，而预算执行和决算是行政部门的权限，预算编制也应该是行政部门的权限。但是，在行政部门内部，预算编制和预算执行是否要分离呢？目前，有两种模式：一种是在行政部门内部由不同的部门来负责预算编制和预算执行，这种模式以美国为代表，预算管理局负责预算编制，财政部负责预算执行；另一种是预算编制和预算执行由同一个行政部门负责，我国是这种模式的代表，财政部负责国家预算的编制和执行。当然，由于我国的任务确定和资源配置有一定的分离，所以，我国的预算编制事实上是国家发展与改革委员会和财政部共同负责。总体来说，国家预算制度是政府治理内部立法机构与行政机构划分财政权限，并且由立法机构对行政机构的财政行为予以根本约束和决定的一种制度。

二、国家审计服务国家治理的机制总体架构

国家审计要抑制代理人机会主义行为，为此，从审计的角度应对机会

主义行为有三种手段：第一种手段是揭示机会主义行为，也就是找出机会主义行为，如果不能找出机会主义行为，委托人根本不知道代理人是否存在机会主义行为，何谈应对代理人的机会主义行为，实现这个手段的制度安排称为揭示机制。第二种手段是预防机会主义行为，国家审计要抑制机会主义行为，如果有办法能使机会主义行为防患于未然，则是最理想的状态。防患于未然有两种手段：一是威慑途径，代理人出于对审计的敬畏主动放弃其机会主义行为，实现威慑手段的制度安排称为威慑机制；二是预警手段，也就是及早地查出机会主义行为，防止星星之火成为燎原之势，实现预警手段的制度安排称为预警机制。第三种手段是抵御手段，也就是分析机会主义产生的原因，针对治理构造（也就是体制、机制、制度）存在的问题进行整改，增加治理构造对机会主义行为的抵御能力。抵御手段属于事后补救，但是，亡羊补牢，犹为未晚，实现抵御手段的制度安排称为抵御机制（刘家义，2008）。

为了实现上述三种手段，还需要一些辅助性的制度安排，首先，审计资源是有限的，所以，为了更好地抑制机会主义行为，需要选择审计项目，将机会主义行为严重的领域作为审计项目的重点领域，这就需要良好的审计计划机制；其次，审计活动是人从事的，需要将人的积极性调动到抑制机会主义上来，而不是只鉴证机会主义行为，这需要良好的绩效评价机制（陈尘肇，2008）。总体来说，国家审计服务国家治理的机制的总体架构如图 1-4 所示。

三、本书预期创新和不足

1. 从制度学的角度对公共治理及国家审计制度进行了全面而深入的研究

尽管已有相关文献对公共审计概念、职能、特点等基础理论研究得较多，但基本没有把公共审计看作是一个具有上层建筑含义的制度问题进行

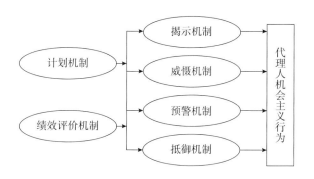

图 1-4　国家审计服务国家治理的机制

研究。该书不仅阐述了制度范畴的一系列相关问题，例如，制度的内含、价值、意义等，更是按照制度学原理提出了公共审计制度的基本框架，并且系统地阐述了这一框架的基本内容。这是一种体系化的研究，更能揭示问题的实质所在。例如，以往的研究多围绕公共审计运行层面上的问题，特别是程序性、技术性、操作性问题研究得较多，而有关公共审计根本性、体制性问题则很少谈及，如此就限制了对公共审计的深入理解，也就难以真正认识到公共审计发展中存在的问题和困难，当然也就难以从制度性、体制性方面提出解决问题的方案。本书把研究的重点放在了公共审计体制改革和机制创新上，试图从制度上、体制上研究和解决公共审计发展问题，这就抓住了问题的要害，找到了矛盾的主要方面，这样的研究思路和研究体系是该书的一大特点，也是值得肯定的方面。

2. 细致掌握中国特色社会主义国家审计特征

中国特色社会主义国家审计环境对整个国家审计研究都会产生重要影响，从而显现国家审计目标的中国特色。

当代中国正处于改革开放时代，转轨是这个时代的主题。经济体制深刻变革，社会结构深刻变动，利益格局深刻调整，思想观念深刻变化，将是相当长一段时间内我国经济社会发展的一个基本特征，发展中不平衡、不协调、不可持续问题依然突出。在转轨时期，大量体制、机制和制度性问题需要解决，这就迫切需要政府审计不只是查出问题，更重要的是从体制、机制和制度角度找出问题产生的原因，提出审计建议，并推动相关部门和单位改进体制、机制和制度。所以，当代中国的政府审计环境需要中国特色社会主义政府在审计目标定位上立足批判性，坚持建设性（刘家义，2008；陈尘肇，2008）。

尹平、郑石桥（2014）认为，审计目标有两种定位：第一种定位，审计只是鉴证机会主义行为是否存在。鉴证机会主义是审计的基本功能，在这种功能定位下，揭示代理人的机会主义行为是审计的核心，这种审计主要发挥批判性作用，称为批判性审计（刘家义，2008）。第二种定位，抑制机会主义行为，也就是说，在鉴证机会主义行为是否存在的基础上，找出机会主义行为出现的原因并协助委托人防止或预防机会主义。找出机会主义行为出现的原因也就是要找出激励机制、制衡机制及其他监督机制所存在的缺陷，因为只有上述这些机制存在缺陷，才会出现超出可容忍水平的机会主义。协助委托人防止或剩余预防机会主义就是要对发现的治理构造缺陷进行改进，以优化治理构造，降低机会主义行为的程度。所以，这种定位下的审计要做三方面的工作：一是鉴证机会主义行为是否存在；二是对治理构造进行评价，从治理构造缺陷的角度分析机会主义行为存在的原因；三是协助委托人改进治理构造的缺陷。在这种审计定位下，揭示代理人的机会主义行为是审计的起点，核心问题是找出机会主义行为的原因和帮助改进治理构造，进而抑制机会主义行为，这种审计主要发挥建设性作用，称为建设性审计（刘家义，2008）。

当然，本书也存在一些薄弱之处，例如，在国家治理及国家审计制度研究方面，借鉴较多，学习较多，缺乏自己独立见解。也没能实现对国家治理和审计制度上的更细化研究。此外，本书在对人审计时，研究了人的理性自利问题，却没能研究如何通过制度化的主观因素更好地约束人、约束权力。

参考文献

[1] 李金华. 加强我国审计监督工作的若干思考 [J]. 中央财经大学学报，2003 (8).

[2] 石爱中. 现代国家审计发展的真实动因 [J]. 中国审计，2003 (17).

[3] 杨肃昌，肖泽忠. 论宪法思想对审计制度的影响 [J]. 审计研究，2004 (1).

[4] 石爱中. 审计学的学科属性及其教学要求 [J]. 审计与经济研究，2005 (7).

[5] 李金华. 关注责任，完善治理，促进民主与法制 [J]. 中央财经大学学报，2005 (1).

[6] 秦荣生. 深化政府审计监督，完善政府治理机制 [J]. 审计研究，2007 (1).

[7] 谢志华，张庆龙. 宪政价值与政府审计良治启示 [J]. 审计研究，2008 (11).

[8] 张庆龙. 走向良治的政府审计宪政建构研究 [J]. 中央财经大学学报，2008 (3).

[9] 蔡春，李江涛，刘更新. 政府审计维护国家经济安全的基本依据、作用机理及路径选择 [J]. 审计研究，2009 (4).

[10] 吴青川. 国家治理框架下的国家审计发展机制研究——基于委托代理理论 [J]. 财会通讯，2009 (12)：96-98.

[11] 刘家义. 深入学习贯彻审计法实施条例，充分发挥审计免疫系统功能 [J]. 审计研究，2010 (3).

[12] 董大胜. 财政审计大格局思考 [J]. 审计研究，2010 (5).

[13] 尹平，戚振东. 国家治理视角下的中国政府审计特征研究 [J].

审计与经济研究，2010（5）：9-14.

[14] 杨肃昌，李敬道. 从政治学视角论国家审计是国家治理中的"免疫系统"[J]. 审计研究，2011（6）：3-8.

[15] 孙时松. 国家审计促进国家治理的着力点[J]. 审计月刊，2012（11）：16-17.

[16] 李嘉明，刘永龙. 国家审计服务国家治理的机制和作用比较[J]. 审计研究，2012（6）：45-49.

[17] 蔡春，朱荣，蔡利. 国家审计服务国家治理的理论分析与实现路径探讨[J]. 审计研究，2012（1）：6-11.

[18] 王姝. 国家审计如何更好地服务国家治理——基于公共政策过程的分析[J]. 审计研究，2012（6）：34-39.

[19] 陈英姿. 国家审计推动完善国家治理的作用研究[J]. 审计研究，2012（4）：16-19.

[20] 谭劲松，宋顺林. 国家审计与国家治理：理论基础和实现路径[J]. 审计研究，2012（2）：3-8.

[21] 隋学深，奚冬梅. 国家审计与国家治理哲学关系辨析[J]. 审计月刊，2012（8）：10-11.

[22] 邢晟. 国家治理视角下的国家审计功能定位及实现路径[J]. 学术论坛，2012（9）：113-117.

[23] 廖义刚，陈汉文. 国家治理与国家审计：基于国家建构理论的分析[J]. 审计研究，2012（2）：9-13.

[24] 阎强. 论国家治理与国家审计支撑体系[J]. 审计月刊，2012（1）：8-10.

[25] 李厚喜. 浅析国家审计能力与国家治理能力[J]. 审计月刊，2012（7）：9-11.

[26] 张文秀，郑石桥. 国家治理问责机制和国家审计[J]. 审计与经济研究，2012（11）：25-32.

［27］杨亚军. 国家审计推动完善国家治理路径研讨会综述［J］. 审计研究，2013（4）：14-19.

［28］靳思昌，张立民. 论国家治理与国家审计边界的界定［J］. 审计研究，2013（1）：3-8.

［29］孙永军. 国家审计推动完善国家治理的现实要求与路径研究［J］. 审计研究，2013（6）：57-60.

［30］郑石桥，陈丹萍. 机会主义、问责机制和审计［J］. 中南财经政法大学学报，2011（4）：129-134.

［31］张勇. 公共受托责任论下政府跟踪审计有关问题探讨［J］. 审计月刊，2010（7）：13-15.

［32］郑石桥. 机会主义、问责需求和跟踪审计［J］. 中国内部审计，2012（3）：36-40.

［33］郑石桥. 政府审计和公共权力的制约与监督：基于信息经济学的理论框架［J］. 审计与经济研究，2014（1）：19-26.

［34］尹平，郑石桥. 国家治理与国家审计［M］. 北京：中国时代经济出版社，2014.

［35］王家新等. 国家审计的政治经济分析［M］. 上海：上海三联书店，2013.

［36］将燕辉. 公共权力及公共责任审计研究［M］. 北京：经济管理出版社，2018.

第二章

我国国家治理视角下的国家审计属性研究

国家审计的属性主要包括政治属性、法律属性、市场经济属性、社会属性、文化属性等。本章从我国国家治理视角对其进行研究。

第一节　政治及法律属性研究

国家审计的政治化是一个永恒话题。国家审计是政治文明的产物和工具，国家审计制度是整个国家政治制度体系的重要组成部分，政治制度体系则是国家审计最重要的制度环境。

从人类文明演化的角度来看，"政治文明"所表述的社会现象早在人类进入文明时代前就已存在，甚至可以作为人类进入文明时代的重要标志。但从概念形成的角度来看，"政治文明"是建立在"文明"概念广为运用的基础之上的，"文明"概念是用来表述社会政治进步的，因此，界定"政治文明"的内涵不能脱离"文明"的一般含义。

亚里士多德指出："人类在本性上是一个政治动物，他赋有理性，能够区别善恶，自己治理自己"。马克思也曾说过，"人是最名副其实的政治动物，不仅是一种合群的动物，而且是只有在社会中才能独立的动物"①。

王家新认为，人类因为有了政治活动才不断文明起来，因而就需要深入探讨政治文明本质性的有关问题。② 随着工业文明的兴起，传统的"专制政治"模式逐步被现代"民主政治"模式代替。一方面，这种政治文明的转型植根于社会生活的整体变革，随着这种新价值观逐渐扩展为全球性的时代大价值，世界各国据此所作的政治选择也集中于"民主政治"模式。另一方面，任何政治文明又都受到不同国家和地区的历史传统、政治环境、民族特征等因素的深刻影响，都有其独特性价值，因此，各国的政治文明的内容和形式以及发展进程都存在着较大差别，表现为政治文明建设的多样化和民族性。

西方政治文明经历了一个漫长的历史过程，从古希腊、古罗马时代的政治文明到文艺复兴和启蒙运动两大思想解放运动，逐步形成了西方政治文明标志性的制度成果，即人民主权、法治文明、三权分立与宪政制度。托马斯·莫尔通过对虚构的"乌托邦"岛国的细致描写，表达了他对理想社会政治制度的卓越设想。"乌托邦"是对人类社会完美的政治设计，追求普遍的绝对的正义，它与政治现实之间是对立的，是对政治现实彻底的批判和否定，乌托邦思想的兴衰，包含着对近代政治文明的深刻批判。总之，西方所谓"民主"与"法治"的冲突阐明了西方政治现代化早期始终模糊的权力与权利问题。

在资产阶级革命以后开始了两种模式的相互融合，形成了"民主融合法治"和"法治融合民主"的互动演进过程，就西方政治文明的发展进程

---

① 马克思.《政治经济学批判》序言、导言［M］. 北京：人民出版社，1971；《马克思恩格斯选集（2）》（第二卷）［M］. 中共中央马克思恩格斯列宁斯大林著作编译局编译，2012.

② 王家新等. 国家审计的政治经济分析［M］. 上海：上海三联书店，2013.

来看，西方政治文明就是在民主与法治的冲突与融合中不断演进的，民主与法治之间的冲突与融合不仅是西方政治文明形成的一个核心问题，同时也决定了当代西方政治文明的基本样式①。

中国政治文明发展进程可以划分为三个阶段：一是中国传统政治文明，是指自我国进入文明社会以来直到 19 世纪中叶所形成的政治文明的简称，是中华民族在传统农耕经济基础上在政治实践中所形成的政治思想、价值取向和治国理政的经验总结。二是中国近代政治文明，是指 19 世纪中叶至 20 世纪中叶 100 年间不断重复的近代中国政治文明的转型。三是中华人民共和国建立以来的中国特色社会主义政治文明。

中国传统政治文明是与自给自足的自然经济形态相适应的，政治权利处于高度的垄断之中，不主张个体的独立与分离。政治思想主要涉及治国的根本原则、国家兴亡的原因、社会发展的趋势及规律等方面的问题，其本质是以维护封建帝制和皇权为核心。商周之际是中国历史文化的剧变时期，它催化了周公之治，封建制成为治国的典范，人们以家为国、家国一体，在先天的血缘秩序中确立政治秩序的神圣性。

社会主义政治文明建设是一个规范性的命题。包含着政治文明建设的基本逻辑，既不能离开历史空谈政治价值，更不可忽略政治价值而完全拘泥于以往的历史。社会主义政治文明建设必须在中国传统政治文明与西方现代政治文明之间走出一条平衡国家利益与社会利益、维护民主法治与历史价值的具有中国特色的新路。

新制度主义政治学强调政治制度的稳定性，把政治制度看作是一种自我实施的均衡，具有路径依赖的特征，政治制度变迁是一个系统的转变过程，无论是渐进式变迁还是激进式变迁，其演变结果最终是由国家的内在制度决定的②。政治制度是国家内在制度和外在制度的综合统一体。外在

---

① 佟怀志. 民主与法治的冲突及其均衡——现代西方政治文明的演进模式 [J]. 中国特色社会主义研究，2004（5）.

② 汪波. 世界政治文明演进之模式与绩效分析 [J]. 江苏社会科学，2009（4）.

制度的有效性在很大程度上取决于它们是否与内在制度演变出来的制度互补。中华人民共和国成立之初的政治制度脱胎于半殖民地半封建社会，同时又参照了苏联的政治制度。中国改革开放以来的渐进式制度转型，既不是完全通过国内制度调整来适应外在制度，也不是事先有着非常缜密的制度设计，在转型期的政治发展中，既有积极的成果，如政治体系制度化程度的提高等，也出现了消极的东西，如权力腐败等。

国家审计制度作为政治文明重要组成部分，与政治文明建设存在着密切的联系，没有社会主义民主政治建设，国家审计制度的现代化进程将会步履维艰；没有国家审计对公共权力的有效监控，政治权力腐败也很难避免，进而影响社会主义政治文明的现代化进程。

一、对国家审计政治化分析

1. 公共权力文明才是政治文明的核心

理论界对政治文明建设进行了深入而广泛的探讨，涵盖了政治文明的内涵、制度、功能、文化和发展趋势等多个方面，形成了诸多共识，也存在不少的争议。其中争议较大的问题之一就是关于政治文明的核心内容。王家新认为，[①] 政治文明源于人类的社会性，国家统治赋予了政治文明的基本内涵，政治文明作为"人类改造社会所获得的政治成果的总和"是在一定的社会经济基础上为了趋于"善治"而推崇的理念、制度和治理方式。社会越发展，政治文明就越重要。从历史上来看，政治与权力相伴而生，密不可分，政治的本质就是一种权力，是权力的形成、分享和运用的过程。政治文明的核心问题是国家公共权力的产生与运作，政治文明建设的关键问题就是对公共权力的监督和制约。政治文明与公权力监督之间存在着相互依赖的内在逻辑，"权力与民主的关系，正如水与舟的关系，适当的权力约束才能使民主的航船更具有平稳性"，有效的监督机制是公共

---

① 王家新. 国家审计的政治经济分析［M］. 上海：上海：上海三联书店，2013.

权力高效运作的制度保障。

公共权力的特征表现出政治化。公共权力是人类社会公共理性的产物，具有强制性、公共性与整合性等特征。在人类发展的各个阶段，公共权力始终以不同的形式在影响着人们的生活。即使在阶级严重对立的传统时代，公共权力也在不同程度上进行旨在满足社会某些公共性需求的社会管理。

在经济快速发展的现代社会中，公共权力中的统治成分在不断缩小并越来越隐蔽，基于公共利益的一般社会管理功能则越来越彰显，形式上也从被动地接受逐步向民主参与过渡。公共权力具有自我扩张的特性，极容易导致权力的异化，如果不加以监督和制约，就会使公权力陷入膨胀的陷阱，导致公权力滥用和腐败。

监督和控制各种公共权力是国家审计根本目标所在。孟德斯鸠说过一切有权力的人都容易滥用权力，这是万古不易的一条经验！现代政治文明发展的实践证明，只有将公共权力置于有效监督机制之下，才能避免掌握公共权力的人滥用权力而导致民主制度的破坏，绝对的权力必然导致绝对的腐败。

邓小平曾指出，"权力必须受监督，共产党必须接受监督"。中国在全面建成小康社会过程中的政治文明建设必须关注公共权力监督机制的构建和完善，并以此推进国家"良治"。公共权力监督的制度构架和实施方式，处处体现着政治文明的精髓，如何通过制度选择，把公共权力限制在一个合理的范围内，对公共权力实行有效的监督和制约，让公权力合理、规范、高效的运作，推动社会健康、良性、有序的发展，已成为当前我国政治文明建设和政治体制改革的关键所在。

2. 约束和控制公共权力才是国家审计制度或政治工具的功效所在

公共权力制度文明就是在制度层面上建设权力文明，是公共权力运行的法制化、制度化建设，是对公共权力的纠错纠偏机制。公共权力的执掌者（代理人）在公共决策过程中因其选择机会主义，据公共权力为私有或无限扩张，进而违背了委托人（公众）的利益和公共权力目标的向善性。

规避这种"道德风险"必须对公共权力进行有效的监督，使这种风险降低到最低限度并且得到及时有效的终止和纠正。权力制度文明是多种政治力量之间互相制约，通过抗衡和制约形成政治上的稳定和发展，通过法律和制度建设，能够对公共权力运行进行有效的监督和制约，对出现的风险进行及时纠错纠偏。

公共权力运行文明是在权力运行环节上所提出的要求，它与公共权力观念文明和制度文明存在着密切的联系，是两者的具体体现。公共权力运行文明水平的高低充分代表了一个国家权力文明的水准，体现着一个国家政治文明的进展情况。在泛功利化的当下，我国公共权力运行领域中出现了不少的权力"失范"现象，一方面，公共权力运行缺乏法制基础，在行政立法、执法与监督方面，都不同程度地存在不足，公共权力往往会突破各项法律法规的许可范围。另一方面，公共权力运行过程缺乏透明度，未形成有效的相互衔接、相互制约的权力与责任机制，难以构成一个完整的权力制约链，容易滋生腐败和暗箱操作等问题。针对政治活动过程中的公共权力"失范"问题，应建立合理的公共权力运行机制，通过对公共权力运行进行合理性、合法性和有效性的全面监督和控制，防止公共权力的滥用和失效，努力提高公共权力运行环节的质量。公共权力运行机制是由一系列相互衔接、相互制约的制度构建起权力运作的轨道和程序，以保证公共权力在规定范围、按规定程序正常有效的活动。

党的十八大报告指出，"推进权力运行公开化、规范化，完善党务公开、政务公开、司法公开和各领域办事公开制度，健全质询、问责、经济责任审计、引咎辞职、罢免等制度，加强党内监督、民主监督、法律监督、舆论监督，让人民监督权力，让权力在阳光下运行。"党的十八大报告对公共权力运行制度建设提出的要求，体现了宏观架构同微观运作相结合、内部管理同外部监控相贯通的特征。

公共权力行使必须依照法定权限和法定程序，公共权力的监控应紧扣公共权力运行的各个环节，只有与公共权力互相联系构成一个动态的运行过程，才能有效地遏制公共权力的滥用和失范，实现权力的公共性。加强对公共权力的制约和监督，是完成党的十八大提出的政治体制改革的重要目标，是推进政治文明建设的艰巨任务，需要我们不断地深入探索、总结经验、丰富实践，建立健全符合我国国情的公共权力运行机制。

国家审计对公共权力的监控具有独特而重要的作用，即是民主政治的产物，也是推进政治文明建设的重要政治工具。国家审计不仅要有效履行宪法和法律赋予的监督职能，而且还要按照党的十八大的要求在政治文明建设中发挥作用，各级国家审计机关应以党的十八大精神为指导，明确国家审计的职能定位，不断强化对公共权力的监督和控制职责。

权力监控机制是权力合法、合规、合理运行的必要条件，公共权力一旦失去制约和监督就容易被滥用，造成损失和产生腐败，"要防止滥用权力，就必须以权力约束权力"。对公共权力的监控是一个系统的工程，我国已初步形成了较为系统的公共权力监控体系，国家审计是该体系的重要组成部分。在新的政治经济环境下，党和政府对国家审计提出了新的要求，反映了国家审计对公共权力监控的重要作用。国家审计从本质上是一种监控活动，是对公共权力的受托人（政府）履行公共受托责任情况的监控，保证公共权力的规范运行。

3. 对国家审计的政治定性及政治定位

从国家治理或公共治理维度分析，对国家审计政治定性及政治定位，离不开"制度"和"公共性"。王家新认为，对公共权力结构体制的细致分解是对权力进行有效监督的基本前提，在公共权力结构设计上，没有最好，只有更适合。西方国家采用三权分立的权力制衡模式并获得成功，这与它们的国情是分不开的。英国的虚君制三权分立、美国总统制三权鼎立、法国特色的总统制分权模式，都是在社会历史发展过程中形成并不断完善的。当代中国吸收了西方分权思想的有益成果，在主权在民、宪政法治、监督制约的原则下，客观上形成了"五权架构"模式的公共权力结构，即执政党领导权、全国人大权、国家行政权、国家司法权、国家监督权，支撑并保持着中国政治平台的稳定，其中，执政党领导权是最为核心的权力，最具政治权威。

二、国内外学者对国家审计问题提出的观点

1. 国内学者的观点

从当前我国公共权力结构体制现状来看，尽管各权力主体在结构上似乎都有比较明确的权力边界和各种限权性规则，但在公共权力实际运行过程中，权力受到约束和限制的程度和理论上还有一定的差距，由于公共权力的法治化、制度化建设滞后，权力制度文明水平相对较低，曾给我们带来了一些失误和损失。面对当前我国公共权力结构中多元化的主体关系，如何在公共权力监督机制构建中，弥合表面权力关系和实质权力关系之间的裂缝，既能完善对不同权力主体的监督机制，又能协调好不同机制在统一政治制度体系中的运行冲突。不仅需要制定静态的法律制度，还要完善动态的权力结构，通过制度设计和机制选择实现对公共权力的控制，克服公共权力的恣意与滥用。当前中国正处在以建设社会主义市场经济体制为目标的经济转型中，迫切需要改革政治管理体制，建设与现代市场经济相适应的民主政治架构。新时期中国权力制度文明发展的重点是以政党、国家（政府）与社会的权力结构关系制度性创新为着力点，有效地分配和规范党、国家和社会三者的功能，并使它们形成良性互动和互补的关系，改革、完善与社会主义市场经济相适应的民主政治架构。

围绕国家审计的政治定性和定位，各国审计机关面临新的环境和新的挑战，都在进行不同的实践探索，开拓着多元的发展路径。自改革开放以来，我国国家审计经过40多年的努力，紧紧围绕中国特色社会主义建设的历史性任务，取得了一系列重大成绩，尽管政治地位和社会影响达到了一定的历史高度，但同时也面临着巨大考验。随着国家审计实践的深入开展，如何准确、深刻地把握现代国家审计的本质问题显得格外重要，只有

正确认识国家审计的本质问题，才能准确把握国家审计的内在规律，制定新时期国家审计的发展战略，为国家治理的不断完善发挥更好的作用。

2. 国外学者的观点

国外学者关于国家审计本质问题提出了多个观点，主要有查账论、方法过程论、经济监督论、经济控制论、经济评价论、代理论、信息论、保险论、管理决策服务论和免疫系统论等。其中，又以经济监督论、经济控制论和免疫系统论这三种基本观点最有代表性。

王家新认为，国家审计的本质属性是权力制衡信息系统。国家审计本质上是政治文明的产物和工具，政治文明随着人类社会从低到高的进程不断向前发展，国家审计本质的实现也是一个与之相伴随的动态历史过程。在专制政治时期，国家审计是专制政治的产物和工具，在民主政治时期，国家审计是民主政治的产物和工具。现代国家审计作为一种监督机制内嵌于国家政治契约关系中，其本质目的是代表人民监督政府责任的履行和权力的行使，是国家治理控制系统中功能最完善的组成部分。现代政府的权力来源于社会公众的委托①，现代国家审计制度是一种针对国家政治契约的约束机制，现代国家审计机关作为代表民意对政府实施监督的机关，不可避免地与国家政治契约相联系。

国家政治契约是以民意为基础的，通过政治契约赋予政府和构成政府的每个成员的相对权力，国家主权属于全体公众，政府的产生是源于社会公众的委托与权力的让渡，宪法是政治契约的一种规范化的表现形式。

新制度经济学认为，国家审计的政治地位，制度环境是一个国家最基本的制度规则，是决定其他制度安排的基础性制度。国家审计制度与政治文明之间存在着本质的、天然的联系，国家审计制度是整个国家政治制度体系的重要组成部分，政治制度体系对国家审计制度而言是其最重要的制度环境。王家新认为，现行的国家审计制度是中国特色社会主义政治制度体系的重要组成部分，具有经济社会发展赋予其自身的特定的职责和功

① 厉国威，王晶. 基于契约观的现代国家审计本质 [J]. 财会通讯，2012 (31).

能。国家审计作为依法用权力监督制约权力的制度安排，具有预防、揭示和抵御等功能，是国家治理这个大系统中内生的"免疫系统"，其职责就是通过独立行使审计监督权，预防、揭示、查处经济社会运行中的问题，保证国家各项政策能够有效实施，使国家相关系统健康、安全地运行。

第二节　市场经济属性研究

经济环境不仅影响国家审计制度，也影响国家治理。国家审计的经济属性更多地反映在其所执行的各项审计活动中。例如，国有企业审计、金融审计、财政审计、国有施工项目审计等。

2008年3月31日，刘家义审计长在中国审计学会五届三次理事会暨第二次理事会中提出，审计是保障国家经济社会健康运行的"免疫系统"。

邓小平理论和"三个代表"重要思想的指导意义，要求国家审计要深入贯彻落实科学发展观，牢固树立科学审计理念。其宏观意义体现在两个方面：一是要紧密围绕国家经济大政方针开展审计，高度关注宏观政策措施的执行，高度关注财政经济安全，高度关注财政体制改革；二是对审计揭示的问题，要从现象到本质、从个别到一般、从苗头到趋势、从微观到宏观进行深层次分析，提出改革体制、健全法制、完善制度、规范机制、强化管理、防范风险等方面的建议。

国家审计目标是要维护财政经济秩序；及时揭示财政运行中的不安全因素和潜在风险，维护财政安全；促进将所有政府收支纳入预算管理，推动建立完整协调的政府预算体系；推动预算公开和财政管理的规范化，促进提高预算执行效果和财政资金使用效益；推动财政体制改革，逐步实现财权与事权相匹配；促进廉政建设，保障国民经济和社会健康发展。经济环境对国家审计的影响具体表现在以下三个方面：

一、在国有企业的国家审计方面不断深化

实施国有企业审计是国有资产管理体制变革的重要举措。国有资产管理体制改革和政府预算制度的变革，使国有企业经营机制从法律形式上的转变进入了内部结构治理，随着公司治理转型、国有资本经营预算建立，国有企业财务收支审计开始关注利润，并将关注国有经营资本预算执行及国有资本预算资金使用。

刘家义审计长（2012）提出，企业审计要坚持强化管理、推动改革、维护安全、促进发展的工作思路。他强调，企业审计要重点加大对中央重大经济方针政策，特别是有关企业发展的方针政策落实情况的审计力度，促进有关方针政策的贯彻落实；加大对财务收支真实、合法性的审计力度，确保会计信息真实、合法、完整；加大对中央有关重大决策、重要人事任免、重大项目安排和大额度资金运作事项必须由领导班子集体作出决定，即"三重一大"决策制度落实情况的审计力度，促进企业将有关制度真正落到实处；加大对企业领导人员任期经济责任履行情况的审计力度，促进责任制、问责制、责任追究制的健全、完善；加大对重大违法违规问题和经济犯罪案件的查处力度，促进反腐倡廉建设；加大对影响企业科学发展的制度性、体制性问题的反映力度，促进深化改革、完善制度；加大对企业潜在风险的揭示力度，全力维护企业安全，促进企业科学发展。

刘岩、王有志（2012）认为，[①] 我国早期企业审计主要是以查错纠弊为主的传统财务收支审计，随着国有企业改革的不断深化，企业审计的内容逐步转变为以真实性为基础、以经济责任审计为中心、以促进加强管理提高经济效益为目标的新型审计。审计范围逐步转向以国有资产保值增值监督、突出资产质量、防范风险为重点，既注意审计资产负债损益的真实

---

① 刘岩，王有志. 国有企业审计应充分发挥"免疫系统"功能 [J]. 现代审计与会计，2011 (15).

性，又注意发现资产质量和内部控制方面的问题，揭露重大违法违纪问题。同时，在审计中注意从体制机制上分析问题形成的原因，提出解决的意见和建议，在促进完善制度、规范市场秩序等方面发挥了重要作用。

刘力云指出，① 综观世界各国对国有企业监管的实践，不难发现，由审计机关负责对国有企业进行审计几乎是国际惯例。例如，根据《政府公司控制法案》，美国审计署对政府全资公司和政府合资进行审计。在加拿大，根据《审计长法》《财务管理法》，审计长公署要对皇家公司开展绩效审计。在中国，强化审计机关的国有企业审计职责有充分的理论依据，也是当前现实的选择。强化审计机关的国有企业审计职责，要求审计机关不仅要开展企业领导人员任期经济责任审计，还要开展财务报表审计，同时针对国有企业经营和管理中存在的问题，开展经营审计。而现实中，审计机关是以会计信息真实性为基础、通过发现重大违法违规问题及重大损失浪费和国有资产流失问题来开展国有企业的审计。

吴跟运（2005）提出，② 企业审计的主要目标：促进国有企业及领导人坚持正确的改革方向，增强遵纪守法和廉洁自律意识，维护国家财经法纪和市场经济秩序；促进国有企业加强经营管理，建立健全内部控制机制和自我约束机制，完善法人治理结构，切实转变经济增长方式，实现国有资本保值增值。

在国内诸多论述国企审计的经济目标中，笔者较为赞同王长友的观点。他（2008）认为，把增强国有经济活力、控制力和影响力成为国家审计的根本目标，具体有以下五个目标：一是要把促进国有企业保值增值、增强企业的可持续发展能力作为企业审计的目标；二是要把提高整个经济的活力作为企业审计的目标；三是要把评价企业历史使命的履行作为企业审计的目标；四是要把提高企业国际竞争力作为企业审计的目标；五是要

---

① 刘力云. 中国特色政府审计的模式特征 [N]. 中国社会科学报，2010-02-11.
② 吴跟运. 对国有企业审计的几点思考 [J]. 财会研究，2005（9）.

把促进建立和完善现代企业制度作为企业审计的目标。①

二、在各种经济责任的国家审计方面不断强化

笔者认为，经济责任审计不仅是中国特色的审计业务，也是近40年来切实可行的国家审计路径；未来更是具有长久生命力的真正意义上的制度创新。

戚振东、尹平（2013）从国家治理视角探讨了经济责任审计的产生动因，认为经济责任审计是中国政体国体及其权力运行现状下的特殊产物，是权力安全运行自律和自控的机制设计，是现行干部管理体制实践总结的制度完善，是中国特色国家治理的必然要求。经济责任审计功能定位应该是经济责任审计通过对党政领导干部任期行为的系统审查评价，对领导干部履职行为具有导向功能。经济责任审计侧重于防止领导干部权力异化，特别是在涉及政府市场和社会关系时，从多元治理角度，促进政府纠正市场失灵职能作用的完善，确保政府完成创造公平的市场环境和公平正义的社会环境，确保政府经济管理权力在国家良治和社会利益最大化的既定轨道上运行而不致偏离目标，也就是说经济责任审计的功能定位远远超出反腐败和促进廉政建设的范畴。②

党的十八大报告指出，健全权力运行制约和监督体系。推进权力运行公开化、规范化，完善党务公开、政务公开、司法公开和各领域办事公开制度，健全质询、问责、经济责任审计、引咎辞职、罢免等制度，加强党内监督、民主监督、法律监督、舆论监督，让人民监督权力，让权力在阳光下运行。党的十八大报告指出，强化对权力的制约和监督，促进权力规范透明运行。坚持做好对党政主要领导干部和国有企业领导人员的经济责

---

① 王长友. 在国有企业实行审计委派别的构想 [J]. 中国内部审计，2008（3）.
② 戚振东，尹平. 经济责任审计产生的动因和权力监督特征研究 [J]. 审计研究，2013（2）.

任审计，加强对重点专项资金和重大投资项目的审计（高子宏，2002；郑石桥，2014）。

邢俊芳（2005）认为，当官本位日趋强化时，治国之本在于治官。历史转型期的中国，社会、经济、政治复杂变革，市场经济幼稚，一切价值观都在混淆、动摇、改变，权力至上、金钱至上成了时尚，在权力拜物教、金钱拜物教影响下，腐败几乎无处不在。直面腐败之风盛行的社会环境背景，政权机关如何惩治腐败，优化党政干部的价值观和职能，保持廉洁和社会责任，显得尤为重要而成为一道严峻课题。对此，约束和内律就成为党政干部的一种必须。内律靠内部因素，约束靠外部因素，外部因素较多，其中，经济责任审计便成为制约党政干部经济权力的重要而不容忽视的良方。[1]

徐雪林、郭长水（2005）认为，当前，我国权力制约和监督体系尚不完善，在许多权力使用的过程中不可避免地存在种种权力寻租的现象，从而导致腐败行为。国家审计机关作为专门的监督机构，应发挥而且能发挥自己在权力制约监督中的作用，现在普遍开展的经济责任审计，就是党和国家赋予国家审计机关光荣而神圣的使命。[2]

陈波（2005）分析了我国经济责任审计的制度背景：一是与西方发达国家相比，我国政府规模更大、权力更为集中，政府官员对于经济发展和民生改善承担着更大的责任；二是我国政府管理着众多的社会经济事务，政府的职能还没有得到完全清晰、合理的界定，政府与市场、企业的边界比较模糊，政府官员在权力行使过程中存在较多的"越位"或"缺位"行为；三是我国的民主和法治建设在一定程度上滞后于经济体制改革的进程，人民对于政府官员尚缺乏有力、有效的监督途径，权力缺乏制衡必然导致权力的滥用，进而滋生严重的腐败行为。陈波认为，[3] 在这样的背景

---

[1] 邢俊芳. 经济效益审计 [M]. 北京：人民出版社，2005：276.

[2] 徐雪林，郭长水. 经济责任审计对象研究 [J]. 审计研究，2005（4）.

[3] 陈波. 关于经济责任审计的若干认识和思考 [J]. 中国审计，2005（12）.

下，建立一种由干部管理部门与国家审计机关组成的联合开展经济责任审计制度，可以利用审计机关的独立性和专业技术优势来帮助干部管理部门准确评价领导干部经济责任的履行情况，能够在一定程度上约束行政权力的滥用并防止腐败行为的发生。

关于经济责任审计的准确定位，蔡春阐述较为深刻。蔡春、陈晓媛（2007）认为，① 经济责任审计能够或可以独立为一种新的审计类型或形式，表述为经济责任审计独立化，经济责任审计之所以可以独立化，正是由于与一般审计比较，它具有的一些显著特征决定的。这些显著特征包括在审计对象具体内容上，经济责任审计直接针对受托行为人履责情况；在审计目标上，经济责任审计主要在于鉴证或认证受托行为人应承担的任期目标责任的履行是否符合特定要求或既定要求；在评价标准上，经济责任审计主要应依据确定受托行为人任期目标责任时所运用的有关原则、方法和制度规定；在审计方法上，经济责任审计除了可采用财务审计的常规方法之外，还应采用一些特殊方法；在审计报告上，经济责任审计在报告的结构、内容、定性措词和审计意见表达方式等方面均有自己的特征；在审计结果处理上，经济责任审计应具有强制性。蔡春、陈晓媛认为，经济责任审计具有以下作用：实现审计功能拓展与审计制度创新；充分发挥审计功能，更好实现审计目标；强化权力约束，促进政治民主；确认和解除责任，完善组织责任机制；揭露错弊、惩治腐败，提高政府治理水平和公司治理效率。建立健全有中国特色的领导干部监督、评价与考核的制度机制。

三、在公共经济权力的国家审计方面得到细化

我国经济环境的变化表现在审计目标细化、集中在以下公共经济权

---

① 蔡春，陈晓媛. 关于经济责任审计的定位、作用及未来发展之研究 [J]. 审计研究，2007（1）.

力上。

1. 在政府及其部门的公共经济权力方面

在《审计署关于加强审计监督促进"十二五"规划顺利实施的意见》中提到，"十二五"期间审计重点涉及"加强对权力运行的制约和监督"时，强调了三个"重点关注"，其中之一是对领导干部"决策权、执行权、监督权"的关注。这三权集中体现了党政领导干部的基本职权，具体体现在政策执行权、财政收支管理权、行政性收费管理权、预算执行管理权、资金管理使用权、经济政策制定权、国有资产管理权、基建招标权等①。

2. 在公营非盈利组织的公共经济权力方面

公营非盈利组织作为承担公营事业发展或完成相应任务的组织，必然要拥有一定的公共经济权力，包括预算执行管理权、重大经济决策权、政策执行权、财政财务管理权等。

3. 在公营盈利组织（如在国企）的公共经济权力方面

公营盈利组织是国有经济的各种表现形式，尽管如此，为方便研究，本书所要研究的范围界定在国企。作为执行我国重大方针政策的主力军，一直以来，国企是我国经济发展和社会进步的主要贡献者。习近平总书记提出，"加强党对国有企业的领导，加强对国企领导班子的监督，搞好对国企的巡视，加大审计监督力度"。时任中央纪律检查委员会书记贺国强指出："国有企业是我国国民经济的重要支柱，是党执政的重要经济基础，是发展中国特色社会主义的重要力量。"考虑到国企运行经营的资本来源主要是国家公共财政资金，掌控公共经济资源就应该履行公共受托经济责任，拥有一定的公共经济权力。国企的公共经济权力主要有以下四个：第一，政策执行权。第二，国有企业经营决策权。第三，内部控制权。国企为实现其经营目标，有权力就其内部各部门各单位各岗位从内部环境、风险评估、控制措施、信息和沟通与检查监督等方面开展一系列控制。第

---

① 中华人民共和国审计署〔审办发（2011）33 号〕. 审计署关于加强审计监督促进"十二五"规划顺利实施的意见。

四，财务管理权。

第三节　社会属性研究

社会治理是国家审计服务于公共治理职能在社会领域的延伸。如果以社会治理活动中的生态环境为例，其生态环境中的公共物品属性和外部性都要求进行有效的政府干预。我国的生态环境治理除了存在因生态环境固有特征导致的生态环境治理困境之外，由于政治激励和财政约束产生的层级政府生态环境保护目标不一致也是个难题。

国家审计的社会属性表现在环境审计中，则就是政府治理的一种规制手段，也是信息化规制手段。通过查证，掌握和披露真实、有效信息，协同环境治理部门进行单一部门调整，提供综合信息给综合决策部门进行综合整治。

一、国家审计的外部性与社会治理及公共治理

如果以生态环境为例，生态环境治理不是一个简单的经济或技术问题，需要通过市场治理、政府治理和公民社会治理的路径实现。

国家审计的外部性可分为公共外部性和私人外部性，与生态环境有关的外部性一般是公共物品型的外部性。生态环境污染行为存在交互外部性和转移外部性。交互外部性是指个体的消费或生产决策不仅影响到其他个体的效用或生产可能性，也影响到行为人本身；转移外部性是指行为人的消费或生产决策造成的污染转移到其他行为人。外部性的存在使个人和厂商的私人边际成本低于社会边际成本（私人边际成本与外部边际成本之和），理性行为人在没有外部干预的情况下会选择私人边际成本等于边际

收益的特点进行生产。也就是说，作为理性行为人的微观经济单位，其排污行为将对其他微观经济单位产生非市场性的影响，受污染者却不能因为受到污染而得到相应的补偿。

王家新认为，从政治经济学和信息经济学的角度来看，我国的生态环境问题存在着两个不对称性：第一是信息不对称，污染排放及其对环境质量影响信息很难准确掌握，信息不对称程度越高，企业污染环境的机会和可能性就越高；第二是权利不对称，公众与政府、排污企业的权利不对称，环境保护部门与地方政府权力不对称。我国政府层级较多，加之是人口大国和地域大国，政府体制条块分割，以块为主，放大了这种信息不对称、权利不对称，造成信息扭曲、信息失真、信息不对称性、信息不完全性、信息不确定性明显。以块为主的环境管理体制，增加了权利不对称，成为生态环境监管无力的根源之一。

二、政府治理、市场治理及社会治理的协同

如果以生态环境审计为例，其是一个典型实例。同样还有其他公共资源审计（例如，水资源审计、碳排放审计等），多种治理协同则是不可或缺的内容。

1. 政府治理是对"市场失灵"的有效干预手段

早在 1890 年，马歇尔对外部性和市场失灵进行了较早的分析。庇古是系统分析环境污染外部性的第一人。他的研究表明，在存在外部性的情况下，通过对生产外部性的企业征收外部性税收的办法使企业的生产成本等于社会成本，可以在一定程度上避免外部性发生。也就是必须引入政府外力，通过税收或津贴来干预调节，使边际私人成本等于社会成本或边际私人收益等于社会收益，即通常所说的"庇古税"。庇古的理论成为政府干预市场活动以矫正市场无效率的重要依据。

Kneese 等（1985）认为，虽然市场在环境资源配置上有时是失灵的，

但许多公共资源根本又不可能做到明晰产权，即使明确了产权，由于环境污染或生态破坏往往具有代际影响，后代人利益很难得到保证。因此，从可持续发展的角度，国家应对环境问题进行干预。与宏观调控不同，国家的干预主要是通过对微观经济主体的行为进行规制，以纠正市场失灵。具体对环境问题的规制而言，主要是通过禁止、限制、许可证制度、标准认证制度等方式来控制环境质量。

也就是说，生态环境领域的政府治理主要是对生态环境的市场失灵，采取政府干预的手段，政府干预是生态环境治理最为有效的手段，政府规制分为直接规制和间接规制，直接规制就是采用"命令—控制"方式，以法令的形式出现，政府直接规制是通过颁布环境法规和标准，对微观经济单位的污染排放和政府监管行为进行控制，在欧洲和美国得到应用，成效明显，但规制成本较高（Tietenberg，1985）；政府间接规制主要是鼓励实施环保措施或减少污染的战略。

2. 市场治理是环境外部性内化的必要选择

市场治理是通过市场手段将环境外部性进行内化，实现生态环境治理的措施。科斯（1960）对外部性的研究为生态环境问题的解决提供了另一条思路。科斯认为，外部性的存在主要是因为产权界定不清，故无法确定谁应该为外部性承担后果或得到报酬。科斯提出，在产权明确的前提下进行市场交易的办法，使污染者或污染的受损者通过自愿的谈判和交易实现外部性的内部化。这个思想被概括为"科斯定理"，即在交易费用为零和对产权充分界定并加以实施的条件下，外部性因素不会引起资源的不当配置。当事人将受一种市场动力的驱使就互惠互利进行谈判，使外部性内部化。"科斯定理"的核心问题是产权的界定问题（第一定理）。运用科斯定理，人们已经解决了很多有外部性的问题，特别是在原来属于公共产品的领域中，科斯定理为某些公共产品的有效供给提供了解决之道，例如，排污权交易制度。

"科斯定理"为生态环境治理提供了第二个方向，即通过市场治理，产生了众多的市场规制方式。市场规制主要利用经济激励工具对生态环境污染进行规制，例如，许可证交易、排污费、"押金—退款"制度、绩效债券等（Tietenberg，1990），这种规制就基于科斯理论，先分配排污许可配额，明确界定产权，然后允许排污许可权交易，根据分配和交易取得的排放许可界定环境责任。

3. 公民社会治理是实现自愿治理的根本方式

公民社会的自愿治理是生态环境治理的最终目标。这里的公民社会不仅是指公民单体也包括企业。管理学家德鲁克认为，企业应该承担一些公共职责，因为企业是社会组织，是作为业界参与者和社会公民的综合体，也就是"企业公民"。这样来看，生态环境自愿治理不仅是公民单体的行为，也是"企业公民"的行为。

实现公民社会治理的前提是提供真实、有效、充足的生态环境信息，一方面，生态环境信息可以为公民参与监督提供条件；另一方面，也可以通过为企业提供信息的方式促进企业提高资源利用率，并辅以一定的政策激励。例如，1989年美国开始设立有毒物质清单制度，要求企业主动披露有毒物质排放量，以降低公民社会进行环境保护的信息成本，研究表明，这一措施能够使公众及时把握污染排放现状，有重点地选择污染企业进行社会监督，并加以更严厉的政府规制，促进企业自愿治理污染。

公民社会治理的基础是生态环境信息，因此，信息公示被认为是"命令—控制"和市场规制后的第三浪潮，信息公示由政府提供生态环境治理信息，公众根据公示的信息对污染单位进行监管和问责（Maxwell，Lyon and Hackett，2000），这种规制与政府规制相比缺乏强制性，需要政府提供真实足够的信息，同时只有在公众收入较高、受教育水平较高和社区组织较强时，才可以得到很好的应用。信息公示是传统的政府规制方式的补充，而不是替代，由于公众的自愿规制比较分散，且不具备强制力，难以获得稳定的污染控制目标，目前公民社会治理的意义更多在于通过政府之外的压力（例如，企业声誉、经济损失或法律诉讼）来影响企业对污染成本的判断，以服从政府的生态环境规制。当然，公民社会治理是生态环境治理的趋势，但就现阶段而言是政府治理的补充。

生态环境治理是一个复杂的社会过程，在生态环境治理中政府、市场和公民社会都应该参与其中。政府治理是缘于环境外部性的传统的行政规制方法，它通过指定法规或标准来控制污染排放，或通过市场激励导向，旨在鼓励实施环保措施或减少污染的战略，而不是迫使污染者遵守某个条例（Cott Callan etc，2004）。市场治理方式的最大优点在于能够有效确定生态环境产品的价格，恢复被破坏了的市场的作用。以信息公开为特征的社会公众治理对信息质量和公众参与能力要求较高，是社会发展的趋势。但无论哪种方式生态环境污染信息的披露都十分重要。政府治理需要以真实的生态环境信息作为制定和调整政策的基础，在市场治理中各微观经济单位需要对真实生态环境信息做出判断，社会公众治理本身就是建立在信息对称基础之上的。因此，生态环境信息的真实披露影响到生态环境治理的效果。

在生态环境治理过程中，通常是政府治理、市场治理与社会治理并存，政府治理占据主导地位，同时积极探索市场治理的途径，而且市场治理的成败也取决于政府采取的经济激励手段，尽管社会公众的参与体现在对于一些环境事件的公众参与机制，但尚未对环境污染行为构成实际的监督和控制，仍要政府积极引导，进一步地完善。因此，就目前而言，政府治理决定了环境治理的效果。

在弥补国家治理不足而发挥社会公共治理功能时，公共治理则是通用的。郑石桥、杨婧（2013）认为，现实生活中，超出公众可容忍程度的公共责任机会主义行为时有发生。为此，需要优化公共治理机制。发展公共责任审计是优化公共治理机制的重要途径。公共责任审计对象是公共责任机构和个人的机会主义。机会主义包括财务机会主义和管理机会主义；按主体分类，包括单位机会主义和个人机会主义；按履行视角分类，包括结果机会主义和过程机会主义。上述公共责任审计内容在现实生活中有的得到充分发展，有的处于萌芽状态。由于公共责任委托人的问责需求在变化，审计技术也在变化，所以，公共责任审计的内容也会发生变化。可以预期越来越多的公共责任会进入审计内容。

笔者认为，上述三者的协同公共治理，其根本原因在于三种：一是公共资源治理需要治理主体的多元化；二是国家审计在公共资源治理中不仅有引导作用，也有协调作用机制；三是"公有制"是中国特色社会主义国家审计的根本特质，完全具备制度背景实现共同公共治理。

第四节　文化属性研究

《审计署 2008~2012 年审计工作发展规划》提出，推进文化建设，加强审计文化研究，是夯实国家审计事业可持续发展的根基。文化具有渗透性，其表现形式就是不断扩张和弥漫，并随时试图侵入周围的亚文化圈。国家审计既是人类文化活动的组成部分（亚文化），其实践活动不断丰富和扩展文化的内涵，同时，作为整体的社会文化也无时不在地对国家审计活动施加渗透和影响。

国家审计有着浓厚的文化传统底蕴。中国传统的国家审计制度是中国传统文化"集权主义"和"人治"观念的体现，并由此导致国家审计有限的独立性，阻碍了国家审计在宏观经济管理中更好地发挥监督和保障作用①。新制度经济学曾提出了一个重要概念是"路径依赖②"，即人们过去做出的选择决定了他们现在可能的选择，同时说明历史对现今社会的至关重要的影响。尽管中国文化传统不乏具有关注民意和保持统治张力平衡的

---

① 段英文. 浅谈文化环境对审计的影响及对策［J］. 审计理论与实践，2002（10）：31-32.

② 傅沂. 路径依赖经济学分析框架的演变——从新制度经济学到演化经济学［J］. 江苏社会科学，2008（3）.

监督思想由来已久，例如，孟子"民为贵，社稷次之，君为轻"和"水能载舟亦能覆舟"的民本思想，以及张蕴古提出的"故以一人治天下，不以天下奉一人"的"人治"思想，都表明需要建立对专制皇权的权力约束。但是，中国几千年来封建制国家政治制度的一大特色，维护王权和皇权，强化中央集权的专制统治，就成为了中国传统文化的历史使命，"普天之下，莫非王土。率土之滨，莫非王臣"。在中央集权统治下，各州、县地方政权实际上是中央集权统治者的代理人，严格服从中央的政令，维护君主的权威，为中央集权统治服务。因而，就中国传统文化思想而言，影响中国国家审计最深远的是"集权"思想和"人治"思想。

具体表现为：一是从集权思想影响来看，在中国历代封建统治王朝中，以中央集权体制为核心，国家审计机构设置和审计制度建立的出发点是围绕如何维护封建王朝稳定，巩固和强化中央集权专制统治。二是从人治思想影响来看，中国的人治社会体现为以宗法制为根基，以家庭伦理为本位，以官僚制度为骨架，以皇权至上为核心的封建专制主义社会形态。总之，历史文化传统持续地、潜移默化地影响着一个国家对审计文化和审计体制的选择。

国家审计随着各期文化变动而变动。大规模的文化变迁无不因三种因素引发：一是自然条件的变化；二是不同文化之间的接触，不同国家、民族在技术、生活方式、价值观等方面的交流会引发大的文化变迁；三是发明与发现，各种技术发明、创造，导致人类社会文化的巨大变迁。现代中国正面临着深度的社会转型，现代化和市场经济所带来的文化变迁对中国传统文化形成严重的消解和崩塌，而国家审计也深受文化变迁的影响。

国家审计与文化发展的交互影响，高度体现在审计文化形成与发展以及国家审计文化的根本作用上。审计文化是社会文化的重要组成部分，是文化渗透审计领域和审计活动之中的具体展现与递进的具体表现。审计文化还是审计主体长期参与外部环境互动积淀下来的。显然，审计文化体现了长期审计活动轨迹，体现审计与社会政治经济法治交合，受到传统文化、社会政治制度、经济发展水平、社会文明进步的严重影响与制约。

审计文化是审计事业发展的软实力，是审计发展的精神力量和职业凝聚力所在。刘家义认为，国家审计文化的特征应表现为：维护秩序与权益、恪守独立与客观、崇尚理性及证据、保持严谨和审慎、遵循规范及秩序、鼓励创新和发展、注重团结及协作七个方面。总之，这就是中国国家审计文化的主要目标和内容。

审计文化的内容包括审计价值观、审计精神、审计职业道德、职业谨慎性等。郑石桥认为，审计文化的主要作用包括推进作用、凝聚作用、激励作用、约束作用、塑造作用、教育作用等。具体表现在：审计文化成为审计社会实践的内在动力，能反作用于各项审计主体，作用于审计环境和审计实践，为审计事业发展注入正能量；审计文化能汇聚审计人员的多种智慧和精神力量，能提升审计师的认同感、归属感和荣誉感，增强做好思想自觉性和行为自觉性；审计文化还能成为审计事业发展的动力源，审计文化所弘扬的社会主义核心价值观则代表了中国社会先进文化发展方向，体现了国家利益与个人利益；审计文化能规范审计主体的审计行为，通过职业道德规范精神文明及制度文明方式发挥重要约束作用，审计文化不仅有精神层面约束作用，同时也有制度层面约束作用；审计文化能够塑造先进审计主体的社会形象，使公众认知审计、理解审计、支持审计，使审计文化成为国家监督体系中的一张名片；审计文化应成为审计人员综合素质提高的理论来源。

参考文献

［1］安亚人，宋英慧. 信息认证——审计理论结构逻辑起点新论［J］. 审计研究，2003（1）：27-31.

［2］程能润. 社会主义经济监督与审计［J］. 中国审计，2003（Z1）：38.

［3］程新生. 论审计环境与审计目标［J］. 审计研究，2001（2）：

45-47.

　　[4] 冯均科. 目标导向审计理论体系刍议 [J]. 西安交通大学学报（社会科学版）, 2002（3）: 17-21.

　　[5] 李金华. 审计理论研究 [M]. 北京: 中国审计出版社, 2001.

　　[6] 马志娟, 刘世林. 国家审计的本质属性研究——基于国家行政监督系统功能整合视角 [J]. 会计研究, 2012（11）: 79-86.

　　[7] 秦荣生. 审计风险探源: 信息不对称 [J]. 审计研究, 2005（5）: 6-10.

　　[8] 王炳华. 审计环境起点与审计理论结构的建立: 一个综述 [J]. 中国管理信息化（会计版）, 2007, 119（9）: 90-92.

　　[9] 王会金. 中观信息系统审计风险控制体系研究——以 COBIT 框架与数据挖掘技术相结合为视角 [J]. 审计与经济研究, 2012, 27（1）: 16-23.

　　[10] 王会金. 现代审计理论体系框架结构之研究 [J]. 审计研究, 2002（5）: 41-44.

　　[11] 谢诗芬. 论审计环境与审计理论结构——从会计信息化审计谈起 [J]. 审计研究, 2000（1）: 32-37.

　　[12] 杨肃昌. 对构建国家审计理论体系的思考 [J]. 审计与经济研究, 2012（2）: 11-19.

　　[13] 张兆国, 赵颖川, 桂志斌. 论审计理论体系的构造 [J]. 审计研究, 1999（5）: 6-9.

　　[14] 石爱中. 加强审计理论研究, 坚持审计实践, 注重研究方法 [J]. 审计研究, 2008（3）: 10-16.

　　[15] 刘家义. 积极探索创新努力健全完善中国特色社会主义审计理论体系 [J]. 审计研究, 2010（1）: 3-8.

　　[16] 李学岚. 我国政府审计理论研究现状与框架思考 [C]. 中国审计学会审计教育分会首届审计教授论坛论文集, 2011.

［17］杨肃昌. 对构建国家审计理论体系的思考［J］. 审计与经济研究，2012（3）：11-18.

［18］姜璐. 钱学森论系统科学（讲话篇）［M］. 北京：科学出版社，2011.

［19］房宁，周少来. 中国特色社会主义民主的特点与优势［J］. 求是，2010（6）：14-17.

［20］王会金，王素梅. 建立健全国家审计问责机制研究［J］. 财经科学，2009（1）：119-124.

［21］刘家义. 以科学发展观为指导推动审计工作全面发展［J］. 审计研究，2008（3）：3-9.

［22］陈尘肇. 国家审计如何发挥建设性作用［J］. 审计研究，2008（4）：14-15.

［23］沈建文，郑石桥. 问责机制、锚定路径和国家审计体制差异：理论架构和案例分析［J］. 经济体制改革，2012（4）：131-135.

［24］刘家义. 树立科学审计理念，发挥审计监督免疫系统功能［J］. 求是杂志，2009（10）：28-30.

［25］刘力云. 中国特色政府审计的模式特征［N］. 中国社会科学报，2010-02-11.

［26］尹平，郑石桥. 国家治理与国家审计［M］. 北京：中国时代经济出版社，2014.

［27］王家新等. 国家审计的政治经济分析［M］. 上海：上海三联书店，2013.

［28］李春敏，桑海林. 企业审计如何发挥免疫作用促进科学发展［J］. 审计月刊，2009（11）：22-23.

［29］颜志敏. 如何搞好财政一体化审计模式下的企业审计［J］. 审计月刊，2009（3）：40.

［30］刘东喜，陈斌. 新形势下企业审计的转型［J］. 审计月刊，2011

（11）：20-21.

[31] 刘颖. 新形势下深化国有企业审计的建议 [J]. 商业会计，2010 （8）：41-42.

[32] 刘岩，王有志. 新形势下国有企业审计发展方向浅析 [J]. 现代审计与会计，2011.

[33] 曾新丽. 审计文化国内研究综述 [J]. 财税会计，2013 （2）.

[34] 官军. 审计文化影响力与审计公信力 [J]. 审计研究，2012 （4）.

[35] 王善平，宋艳. 我国审计文化建设的内涵与路径研究 [J]. 审计与经济研究，2010 （9）.

[36] 杜地权. 有中国特色的审计文化建设探讨 [J]. 财会研究，2010 （9）.

[37] 王爱国. 中国审计文化的反思与重构 [J]. 会计研究，2011 （3）.

[38] 蒋燕辉. 公共权力及公共责任审计研究 [M]. 北京：经济管理出版社，2018.

第三章

我国公共治理视角下的国家审计
民主法治化研究

国家审计代表着一个国家政治文明。王家新认为，政治文明是国家审计的本质与目的，国家审计是政治文明的工具与手段①。国家审计制度作为政治文明的重要组成部分，与政治文明建设存在着密切的联系，没有社会主义民主政治建设，国家审计制度的现代化进程将会步履维艰，没有国家审计对公共权力的有效监控，政治权力腐败也很难避免，进而影响社会主义政治文明的现代化进程。

第一节　我国国家审计制度的分析框架
——基于民主法治化视角

我国国家审计的政治本质分成两种：一是民主地位；二是法治地位。

---

① 王家新.国家审计的政治经济分析［M］.上海：上海：上海三联书店，2013：161.

两者既相互对立统一，也互为存在前提。

一、国家审计的政治本质及政治地位

改革开放以来，我国国家审计紧紧围绕中国特色社会主义建设的历史性任务，取得了一系列重大成绩，其政治地位和社会影响达到了一定的历史高度，但同时也面临着巨大考验。随着国家审计实践的深入开展，准确、深刻地把握现代国家审计的本质问题也显得格外重要，只有正确认识国家审计的本质问题，才能准确把握国家审计的内在规律，制定新时期国家审计的发展战略，为国家治理的不断完善发挥更好的作用。

从国家审计的政治本质出发探讨国家审计的政治地位是深入研究各种国家审计具体问题的理论基石。新制度经济学认为，制度环境是一个国家最基本的制度规则，是决定其他制度安排的基础性制度。国家审计制度与政治文明之间存在着本质的天然的联系，国家审计制度是整个国家政治制度体系的重要组成部分，政治制度体系对国家审计制度而言又是其最重要的制度环境。

当今世界，不同国家之所以选择不同的国家审计制度，目的在于期望特定的国家审计制度能够在本国政治制度体系中取得逻辑一致的政治效果。国家审计制度能够发挥多大的作用，主要取决于政治制度及结构，这种制度反映着不同国家对国家审计价值的不同期望，以及对本国政治制度结构本身的哲学判断。一般来看，选择立法、司法或独立国家审计模式的西方国家，多是采取"三权分立"政治体制的国家，强调对公共权力的制衡。国家审计的目的在于与其他部门共同构建一个相互制衡的机制，以保证国家资产的安全与有效，确保政府官员的廉洁奉公，具有较强的独立性。选择行政模式的东欧国家，往往更加重视政府的行政操作职能，我国选择现行的行政型国家审计模式，是受我国政治制度结构深刻影响的结果。现阶段，我国的政治制度突出特征是党领导下的政府管理体制，行政型国家审计模式既有利于强化政府决策、执行与监督高度统一的体制，加强党和政府在国家政治经济生活中的控制权，也有利于协调社会利益冲突，努力均衡各种社会利益相关者的力量。

党的十八大首次论述了中国特色社会主义道路、理论体系、制度的丰富内涵及其三者之间的关系，首次向全党鲜明强调要坚定道路自信、理论自信、制度自信。制度问题具有根本性、全局性、稳定性和长期性的特征，一个国家的宏伟目标能否实现，除了看是否有科学的理论指导、切合实际的发展道路之外，还要看其做出怎样的制度安排。中国特色社会主义制度，在经济、政治、文化、社会等各个领域形成了一整套相互衔接、相互联系的制度体系，是中国发展进步的根本制度保障，这些不同层面的制度，既有鲜明的中国特色，又很好地体现了科学社会主义原则，还吸收借鉴人类制度文明的优秀成果，顺应了和平、发展、合作的时代潮流和经济全球化、世界多极化的发展趋势，符合中国社会主义初级阶段的基本国情，集中展示了中国特色社会主义的特点和优势，是被实践证明了的切合中国实际的制度设计，具有巨大的优越性和强大的生命力。

现行的国家审计制度是中国特色社会主义政治制度体系的重要组成部分，具有经济社会发展赋予其自身的特定的职责和功能。国家审计作为依法用权力监督制约权力的制度安排，具有预防、揭示和抵御等功能，是国家治理这个大系统中内生的"免疫系统"，其职责就是通过独立行使审计监督权，预防、揭示、查处经济社会运行中的问题，保证国家各项政策能够有效实施，使国家相关系统健康、安全地运行。

二、我国国家审计的法治本质及法治地位

法治是近现代国家治理的唯一正确的追求，康德说，"大自然迫使人类去加以解决的最大问题，就是建立一个普遍法治的公民社会。"①

---

① 程乃胜. 近代西方宪政理念 [M]. 合肥：安徽人民出版社，2006：30.

在我国，自从党的十五大提出"依法治国，建设社会主义法治国家"的政治口号后，"法治"进入宪法，成为我国宪法的基本原则，因而也就成为我国社会主义国家治理的纲领和行动指南。

谢鹏程（2007）认为，政治要稳定，就必须依法保障公民权利、规制国家权力，通过政治的法治化实现公民权利与国家权力的良性互动。而这又关键在于三个机制的法治化：一是人民群众利益诉求的有序表达机制；二是民主选举、民主决策、民主管理和民主监督的程序保障机制；三是国家权力运行的监督制约机制。[①] 法治是个人专制的对立物，是把权力置于有效控制之中的政治状态。监督制约不仅是社会主义法治中权力控制的基本形式，也是实行依法治国的关键机制。一般而言，对权力的监督制约有两种基本方式：一是以权力监督和制约权力；二是以权利监督权力。社会主义法治防止权力滥用和保证权力正确行使的基本措施就是建立结构合理、配置科学、程序严密、制约有效、监督有力的权力运行机制，把决策、执行等环节的权力全部纳入监督制约机制之中，保证权力沿着制度化、法律化的轨道运行。从世界范围来看，现代法治是以民主为核心的法治，普遍关注公共权力的有效制约和合理运行。资本主义国家实行多党竞争和分权制衡的政治体制，在其法治系统中不需要也不可能有相对独立的法律监督机制；社会主义国家则实行共产党领导的、贯彻民主集中制原则的人民代表大会制度，在这种政治体制中，由于人民代表大会和其他国家机关之间不存在分权制衡的关系，所以必须建立一套相对独立的法律监督机制，形成对各种权力的有效监督和制约。

1. 法治的要素

不同的思想家对法治要素的认识并不一致，《牛津法律大辞典》认为，"在任何法律制度中，法治的内容是：对立法权的限制；反对滥用行政权的保护措施；获得法律的忠告、帮助和保护大量的和平的机会；对个人和团体各种权利和自由的正当保护；以及法律面前人人平等。"美国法学家

---

① 谢鹏程. 论社会主义法治理念 [J]. 中国社会科学，2007（1）.

朗·富勒认为，法治具有八要素：法律具有一般性；法律应当颁布；法律不能溯及既往；法律是明确的、肯定的；法律中不应有矛盾；法律不能规定不可能实现的事；法律是稳定的；官方忠实地运用法律。

我国学者一般认为，法治具有如下要素：法律必须是普遍、明确、肯定的规范；法律必须是善的、合乎情理的规范；法律具有最高性，没有任何权力、任何人可以超然于法律之上；法律必须是可知的；法律面前人人平等；法律的目的只能是正义；宪法不违背人权保护原则，而一切法律不得违背宪法；司法机关只对法律负责，不对任何国家机关和个人负责；依法行政，越权或怠于行使权力都要受到法律的追究；政府应对官员非法或不当行为负责。

这些认识见仁见智，但共同点都在于限制权力以保障权利。

2. 法治是与人治相对的治国方略

如何治理国家是人类进入阶级社会以后统治阶级思想家首先考虑的问题。古往今来，先贤们提出了各式的治国理念，影响着人类文明的发展。但概括之，不论贴上什么标签，不是法治就是人治，别无其他。当然与法治不同的是人治论有各种不同的表述：仁政、德主刑辅、礼治、哲学王统治、朕即国家等。

所谓治国方略是指治理国家的出发点和归宿。在人治条件下，国家的法律不过是统治者治国的工具，法律臣服于统治者。"在人治方法的统治下，国家不可避免地成为执政者个人以及其最接近的上层分子谋取私利的工具；而且很容易凭借统治者个人一时的好恶决断国策，造成指令上的反复无常，奖惩无度，是非颠倒，乃至任意出入人罪，草菅人命。"所以，亚里士多德认为，人治不合正义即便有时国政仍需仰仗某些人的智虑（人治），这总得限制这些人们只能在应用法律上运用其智虑，让这种高级权力成为法律监护官的权力。应当承认邦国必须设置若干职官，必须有人执政，但当大家都具有平等而同样的人格时要是把全邦的权力寄托于任何一个个人，这总是不合正义的。法治是民主国家的治国方略，在法治条件下，政府因人民的同意而成立，法律是人民给政府的授权委托书。因此，政府和法律存在的全部目的就是维护人民的权利，政府的权力必须以人民权利为转移，公权力的行使受到严格的限制，只有有利于人民的，权利享受的公权力才会得到保留。任何公权力的行使都应受到人民的严格监督。法律不再是工具，而是作为人民代理人存在的政府的行动指南。

在现代法治国家宪法具有至高无上性。宪法是法治国家人民对统治者授权的集中体现，是所谓"不说话的国王"。当今世界上绝大多数国家，都通过比制定普通法律严格得多的立法程序制定宪法，有的还要经过全民公决。宪法的主要内容不外乎两个方面：一是个人的基本权利与义务，"所谓个人的基本权利，在18世纪美法大革命时代，殆限于当时'人权宣言'中之所谓'人权'，即人身自由，言论自由，集会自由等"。二是规定国家机构的设立与权限。国家机构也是宪法的基本构成部分，占有最大篇幅，没有国家的宪法不规定国家机构的。宪法规定国家机构的……地位、产生和组成、任期、职权、活动原则以及它们的相互关系等。正是由于宪法的重要，所以在所有的民主国家，宪法均具有最高的法律效力，一切法律不得与宪法相抵触，一切国家机关、社会团体和公民个人的行为必须符合宪法的规定。

在法治条件下，任何人都在法律之下，在人治条件下，至少有一人在法律之上。法治国家没有任何国家机关和个人有超越法律的特权。国家机关行使的权力必须以明确的法律授予为前提，普通公民必须人人守法。我们无法想象一个公民不守法的国家会是一个法治国家。只有任何人都在法律之下，每个人的权利才能得到切实的保障。

善法是法治的前提。"法治的基本精义在于法的至上地位和法的善德质素，后者决定前者，更具有根本性意义。"① 由于法在法治国家治理中的中心地位，因此，法的善恶就十分重要。法治国家的法只能是善法：它的

---

① 童立伟. 宪法民法关系之实像与幻影——民法根本说的法理评析 [J]. 中国法学，2006（1）.

制定体现着人民主权，是体现人民意愿并按照民主程序制定出来的；法律以保障公民权利为出发点，同时限制和规范政府的权力、法律的内容确认和保障利益多元化。

3. 法治的精髓是保障权利与限制权力

亚里士多德是第一个系统论述法治的思想家，他认为，每一个个体的人都带有恶的一面，都有可能作恶，因此要将所有的人都置于法律的约束之下，防止人的恶外露于行。他经常设问由最好的一人或最好的法律统治哪一方面较为有利？结论是"法律是最优良的统治者。法治应当优于一人之治"。① 他说单独一人就容易因愤懑或其他任何相似的感情而失去平衡，终致损伤他的判断力；但全体人民总不会同时发怒，同时错断。亚里士多德认为，众人的智慧优于一人的智慧，因为人类的认知能力是无限的，而一个人的认知能力是有限的，所以要用法治治理国家。"主张法治的人并不想抹杀人们的智慧，他们就认为这种审议与其寄托一人，毋宁交给众人"。

亚里士多德之后，罗马人创立了简单商品经济时代最了不起的私法制度，法律在罗马社会得到空前的发展。如果说希腊人对人类文明的贡献是哲学的话，那么罗马人的伟大贡献就是法律。罗马人还将自己对人类文明的独特贡献，一种对法律秩序的激情和崇拜，带给了其他民族。经过《十二表法》之后4个世纪的法律实践，罗马人用他们对宪政和法律思想的天赋，创造了一个非常发达的体系。罗马法对后世的法律产生了巨大的影响，以致于恩格斯将其誉为"商品生产者社会第一个世界性法律。"但真正法治思想的出现是在启蒙运动至资产阶级革命当中，那时的西欧商品经济已经有了一定的发展并且经历了文艺复兴、宗教改革等伟大的思想解放运动，并正在进一步解放思想，法治理念作为思想解放中产生的新思想的一部分，是由古典自然法学派所导引的全新的治国理念的必然体现。对近现代法治理念的形成有重大影响的古典自然法学派的代表人物主要有格劳修斯、斯宾诺莎、霍布斯、洛克、孟德斯鸠、卢梭等。概括地说，法治的

① 亚里士多德. 法治应当伏于一人之治 [J]. 政府法制，2003 (12).

内容主要有：

（1）崇尚理性主义。理性主义是法治理论的根本特征。理性是与情感相对的人的属性，是人的社会性的思维表现。理性主义是一种对事物理解的特定方式，崇尚近乎公式化的规则、原则或基本原理。政治和法律中的理性主义是"完美的政治和整齐划一的政治……在（理性主义者的）方案里，不存在'具体环境下的最优'，而是只有'最优'"。理性主义不承认具体环境，因此，排斥多样化。理性主义者所相信的，不仅是每一个政治问题都存在某一个最佳（即"理性的"）的解决办法，而且这一解决办法是普遍适用的。

（2）崇尚天赋人权。启蒙思想家认为，人类从诞生之日起就有人权，人们过去、现在和将来都具有权利，这种权利是造物主赋予人类的。卢梭认为，"人类主要的天然禀赋，生命和自由……这些天赋人人可以享受"，"自由乃是他们以人的资格从自然方面所获得的禀赋。"他们认为每个人在权利方面生而平等。潘恩说："所有的人生来就是平等的，并具有平等的天赋权利。"所谓"天赋权利就是人在生存方面所具有的权利。其中，包括所有智能上的权利，或是思想上的权利，还包括所有那些不妨害别人的天赋权利而为个人谋求安乐的权利"。在启蒙思想家的眼里，自由、平等、信仰等方面的权利和追求富裕生活和幸福的权利等都是天赋人权。在天赋人权方面，不仅每个人的权利是平等的，而且每一代人同前代人相比较也是平等的，"人权平等的光辉神圣原则（因为它是从造物主那里得来的）不但同活着的人有关，而且同世代相继的人有关。"它"只能代代相传，而且任何一代都无权打破和切断这个传统"。潘恩从自然权利引出公民权利。他说，"公民权利就是人作为社会一分子所具有的权利。……所有这一类权利都是与安全和保护有关的权利。"① 公民权利以自然权利即天赋权利为基础。

---

① 莫纪宏. 批准《公民权利和政治权利国际公约》的两种思考进路——关于法治与人权价值次序的选择标准 [J]. 光华法学，2007：46-63.

（3）主张社会契约论。社会契约论是西方近代最重要的法治思想，启蒙思想家们在论述权利保障和权力、政治法律制度的合法性与正当性的基础时，大都借助于社会契约论这一理论工具。早期资产阶级的契约论思想家主要有格劳秀斯、霍布斯、洛克、斯宾诺莎等，但集社会契约论大成的是卢梭。他的名字与社会契约论永远不可分割。如果让我们在契约论的历史上只推出一名佼佼者，那么卢梭就是当之无愧的代表。卢梭认为，合法的国家是社会契约的产物，人民自由同意的社会契约化为人民的公意，公意就是主权。所以卢梭的社会契约论必然导致人民主权论。实际上在卢梭看来，社会契约、公意、人民主权三者之间是画等号的。法律乃是公意的行为。卢梭认为，只有公意才能称为法律，形成法律条文。我们无须再问应该由谁来制定法律，因为法律乃是公意的行为；我们既无须问君主是否超乎法律之上，因为君主也是国家的成员；也无须问法律是否会不公正，因为没有人会对自己本人不公正；更无须问何以人们既是自由的而又要服从法律，因为法律只不过是我们自己意志的记录。既然法律是公意的体现，所以不论是什么人擅自发号施令都绝对不能成为法律。因此，凡是实行法治的国家——无论它的行政形式如何——我就称为共和国；因为唯有在这里才是公共利益在统治着，公共事物才是算数的。一切合法的政府都是共和制的。

（4）主张保护自由平等的基本人权。近现代法治的两个基本面：限制权力和保障权利归根结底都是为了充分保障和实现人的自由。孟德斯鸠说自由是做法律许可的一切事情的权利。马克思说，法律不是压制自由的手段，正如重力定律不是阻止运动的手段一样，恰恰相反，法律是肯定的、明确的、普遍的规范，在这些规范中自由的存在具有普遍的、理性的、不取决于个别人的任性的性质。法典就是人民自由的圣经。西方自由主义的核心是个人主义，按照西方的惯例判断一切问题的尺度都是从个人主义的观点出发的。没有个人主义，没有个人对自由、平等、博爱的不懈追求，西方社会就不可能享受自由和法治。个人主义构成西方法治的基础，一切法律都是围绕着个人的权利和权利实现发挥着调整的功能。

法国学者在论述《法国民法典》时说，《法国民法典》的核心特征有两方面："就其内容而言，是个人至上；就其渊源而言，是法律至上。个人至上总的思想是要将个人从家庭的或经济的既定秩序中，从行业的或宗教的规制中解放出来。……即自由、平等和政教分离。"

平等观念是不平等的产物，只有存在着不平等，人们才有平等的要求。卢梭说："至于平等，这个名词绝不是指权力与财富的程度应当绝对相等，而是说，就权力而言，则它应该不能为任何暴力并且只能凭职位与法律才能加以行使；就财富而言，则没有一个公民可以富得足以购买另一个人，也没有一个公民穷得不得不出卖自身。"① 近代平等学说大体认为，人生来都是平等的。每一个人在禀性、尊严和权利各方面都是平等的，任何人都没有统治别人的天然权利；人人享有平等选举权。"国家的最高权力属于以平等的、比例代表制为基础而选出的、有 400 名成员的代表机关。"主张在法律面前人人平等。

（5）主张制约国家权力。自从人类社会进入阶级社会之后，人们就没有停止对权力来源的正当性和权力行使正当性的探索。近代以来，以权力制约权力是权力监督的基本理念。

能够制约权力的只有权力，其他任何手段都无法有效地制约权力。孟德斯鸠认为，权力具有自我扩张的本能，如果不加以限制，权力一定会被滥用，如果限制不是特别有效，仍然不免要被滥用。"一切有权力的人都容易滥用权力，这是万古不易的一条经验。有权力的人们使用权力一直到遇有界限的地方才休止。说也奇怪，就是品德本身也是需要界限的！从事物的性质来说，要防止滥用权力，就必须以权力约束权力。"② 孟德斯鸠"以权力约束权力"的认识是到目前为止人类找到的唯一可以真正有效约束权力的办法。

---

① 田增辉. 卢梭平等思想研究 ［J］. 吉林大学，2011（3）.
② 孟德斯鸠. 论法的精神. 上册 ［M］. 张雁深译. 北京：商务印书馆，2005：184.

以权力制约权力有两种方式：一是分权以制约权力。阿克顿说："权力，一旦它处于分立状态时，那么，就没有必要取消它的存在。"在资产阶级革命后的政治制度设计中，洛克、孟德斯鸠借鉴资产阶级革命的经验和古罗马的分权理论，创造性地构建了国家最高权力，由三个国家机关行使、相互制约与平衡的三权分立理论，这一理论由此后的资产阶级宪法将其变现为资本主义基本政治制度。就权力制约的基本法则而言，上级制约下级，同级相互制约，最高权力可以制约一切，而解决最高权力的制约问题才是民主政治的真谛。二是设立专门的监督机构监督权力。权力作为一种"必要的恶"，是一种不得已的选择。作为"必要的恶"，权力具有积极和消极两方面的作用。从积极方面来看，它是维持社会秩序、实现公民权利和自由的必要手段；从消极方面来看，它是实施专制和暴政的工具，是腐败的温床。因此，古往今来的许多国家设立了专门的监督机构来监督权力的运作。在古希腊，官由民选，但对每一官员都实行离任审计。在古罗马，就有专门的监察官，监察官的任期长于独裁官、保民官、营造官和财务官等。当资本主义国家建立后，普遍设立了检察机构、监察机构（行政法院）、审计机构（审计法院）等与立法、司法、行政三权有较大区别的专门的监督机构来监督权力。

第二节　我国国家审计民主化的分析框架
——基于公共治理视角

一、走向公民问责的国家审计

1. 审计为公民选举提供依据
自上而下的政党问责和自下而上的选举问责共同构成了垂直问责的完

整体系，中国共产党代表广大公众的根本利益行使自上而下的监督问责权，公民选举从另一角度发挥作用，即自下而上的监督问责，实现对党政系统全方位的监督问责。政府部门领导人由选举产生是宪法赋予公民的基本权利，是国家治理的重要内容和有效手段。

对公民选举而言，政府施政效果的真实反映是财政支出的绩效，而这一信息只有以明确的法律规定其公开化，只有公开的信息才能使公众了解政府绩效，了解政府部门领导人的合法性，为公众有效行使选举权提供基础。作为国家治理重要组成部分的国家审计能够清晰记录政府的行为及其效果，可以有效评估政府合法性及绩效性。在中国政治中，政府行为将被财政支出的形式记录下来，而其合理性、合法性及效果将由国家审计审核，为公民选举政府提供依据。

2. 公民代表行使审计委托权

国家审计的委托主体理所当然应该是广大的社会公众。"在民主法治政治模式下，所有政治制度设计的一个根本出发点就是维护民主法治，国家审计也不例外。国家审计既是民主法治技术，也是适应民主法治发展需要的组合制度装置，随着民主法治的变迁，国家审计作为一种组合装置也会发生同方向的变迁。所以，在民主法治政治模式下，人民是国家审计的服务对象。"①

考察当前中国政府与政治的生态，代表公民行政国家权力的除了中国共产党之外，最有效的代表形式是"全国人民代表大会及各级地方人民代表大会"，作为我国的根本政治制度的组成部分，也作为国家权力机关之一，人民代表大会行使平行问责权。"在现代民主政治中，最经典的平行问责就是议会对政府的监督，或更准确地说，是议会和政府之间的互相监督。"平行问责与垂直的选举问责不同，是国家机构之间的相互监督，要使这种问责是有效的，必须存在这样的机构，它获得授权并且也愿意监

---

① 郑石桥. 政治模式和国家审计：一个政治系统理论架构［J］. 经济社会体制比较，2012(6).

督、控制、修改或惩罚其他机构的非法行为。与西方国家的互相监督有所区别，在我国全国人民代表大会是最高国家权力机关，国家行政机关由其产生对其负责，人大地位高于行政机关更易于履行监督职能。

当前，立法监督成为平行监督的主要形式，行政机关作为国家机构中掌握大量资源的机构，尤其需要外部监督，而立法机关主要依靠控制行政机关的预算影响其行为。而如何有效地监管行政机关的行为，需要从财政上对其进行监管，从长远发展来看，几种平行问责类型中，立法型政治问责更契合人民代表大会是最高权力机关的政治模式，属于有效的行政机关外部监督方式。从长远视角来看，为进一步发挥人民代表大会制度的优越性，将审计署归属于人大是未来的一种发展趋势。此时，如何有效发挥国家审计的功能需要在政党问责和立法问责体系中找到自己的功能定位形成有效的良性互动。

3. 社会公众参与审计事务

当许多人将目光聚焦于垂直问责的选举问责时，往往会夸大选举问责的功能，而相对忽视社会问责。选举并不能完全有效地控制政府，我们在西方国家和中国台湾地区的选举政治中已经可以看出这一点，许多政治人物在选举前的承诺往往不会有效兑现。中国社会兴起的参与式预算是政治问责中的第三种形式：社会问责。正如习近平总书记所言需要将权力关进笼子里，而参与式预算即是其中一个重要的有效途径，"尽管各地的公民参与预算采取的方式不同，但它们都在基层层面让公民参与预算决策，影响资金的分配。这就探索了一条新型的社会主义基层民主道路。"① 但是参与式预算只是政府行为的开始，政府行为的过程及政府行为的结果无法有效预知，这是参与式预算无法完成的工作，需要社会公众参与式审计，让社会公众参与到审计事务中才能有效地约束权力。

除了垂直的政党问责、平行的立法问责之外，还有第三种问责形式，即社会问责，从参与式预算到参与式审计，则构成了社会问责的重要形

---

① 戴航宁. 预算治理中公民参与权实现的法律机制研究［J］. 西南政治大学，2016（3）.

式。总体而言，社会问责也属于一种垂直问责，但其区别于我国的政党问责，也区别于一般的选举问责。政党是社会公众的代表，政党问责只是一种间接问责的形式，而社会问责是社会公众直接问责。社会问责不再像选举问责那样依赖于选民的投票，也不像选举问责那样受制于时间限制，而是可以随时启动的问责。此外，社会问责也不像选举问责那样需要遵循多数原则，它的合法性来源于公民诉求或请愿的权利。当然，社会问责与平行问责也不相同，与平行问责一样，社会问责也可以对政治家和官员制定政策的程序进行监督。但是，它的有效性并不依赖于权力大致相等的国家机构之间的相互制约。与平行问责不同的是，社会问责实施监督的功能既不需要遵循多数原则，也不需要宪法赋权。

为解决上述问题，社会公众参与地方的预算过程和审计事务，对公共预算执行过程及其效果进行有效审计，这样可以辅助人民代表大会进行工作，改变单纯依靠选举无法解决的"承诺缺少落实"，更可以解决"决策后无追踪"的政府行为模式。

二、国家审计是人民主权原则的必然要求

人民主权原则决定了国家审计的根本宗旨，原因在于：

从某种意义上来说，民主国家就是人民主权国家，人民主权原则是资本主义宪法和社会主义宪法的共同原则。主权是国家的最高权，国家的立法权、行政权、司法权及其他国家权力均由主权派生。主权问题是国家的根本问题。在奴隶社会和封建社会，专制统治者制造了"君权神授"的谎言。当资产阶级登上政治舞台后，首先从根本上否定专制统治的法理基础，创立了人民主权学说，认为国家的主权属于人民。从人民主权的要义来看，人民主权学说是政治假说，但这种政治假说不同于无法被验证的政治谎言"君权神授论"，人民主权学说正在不断被验证，不断被完善。它不仅是人类追求自由、民主、平等的逻辑起点，还是人类崇高的政治法律

理想。所以王世杰、钱端升先生认为，人民主权学说虽属虚拟的理论，它的实际效用，确属不可湮没。

我国《宪法》第2条规定："中华人民共和国的一切权力属于人民。人民行使国家权力的机关是全国人民代表大会和地方各级人民代表大会。"张庆福先生认为，我们通常所说的民主集中制原则，实际上是人民代表大会实现人民主权原则的形式。社会主义宪法不仅确认了人民主权原则，还确认了实行人民主权原则的形式。这就是全国和地方各级人民代表机关。社会主义国家的人民代表机关是国家权力机关，由人民选举，对人民负责，受人民监督。人民代表机关组织产生国家行政机关、审判机关和检察机关，它们都对人民代表机关负责，受人民代表机关监督。总之，社会主义国家的权力由人民选出的人民代表机关行使。1936年苏联《宪法》第3条规定："苏联全部权力属于城乡劳动者，由劳动者代表苏维埃行使之。"古巴《宪法》第4条规定："古巴共和国的一切权力属于劳动人民，人民通过人民政权代表大会和由其组成的其他国家机关行使权力或直接行使。"

在国家制度方面，无论是三权分立制还是人民代表大会制，人民主权更是体现得淋漓尽致。就我国而言，人民代表大会制首先就是人民主权原则的体现。

第三节　我国国家审计政治化的分析框架
——基于公共文明视角

一、政治文明的核心是公共权力文明

近年来，理论界对政治文明建设进行了深入而广泛的探讨，涵盖了政治文明的内涵、制度、功能、文化和发展趋势等多个方面，形成了诸多共识，也存在不少的争议。其中，争议较大的问题之一就是关于政治文明的核心内容，因为它涉及不同政治文化和治理境况下的重要性差异，进而难以核定。

政治文明源于人类的社会性，国家统治赋予了政治文明的基本内涵，政治文明作为"人类改造社会所获得的政治成果的总和"是在一定的社会经济基础上为了趋于"善治"而推崇的理念、制度和治理方式。社会越发展，政治文明就越重要。从历史上来看，政治与权力相伴而生，密不可分，政治的本质就是一种权力，是权力的形成、分享和运用的过程。政治文明的核心问题是国家公共权力的产生与运作，政治文明建设的关键问题就是对公共权力的监督和制约。政治文明与公权力监督之间存在着相互依赖的内在逻辑，"权力与民主的关系，正如水与舟的关系，适当的权力约束才能使民主的航船更具有平稳性"①，有效的监督机制是公共权力高效运作的制度保障。

公共权力是人类社会公共理性的产物，具有强制性、公共性与整合性等特征。在人类发展的各个阶段，公共权力始终以不同的形式在影响着人们的生活。即使在阶级严重对立的传统时代，公共权力也在不同程度上进行旨在满足社会某些公共性需求的社会管理。在经济快速发展的现代社会中，公共权力中统治成分在不断缩小并越来越隐蔽，基于公共利益的一般社会管理功能则越来越彰显，形式上也从被动地接受逐步向民主参与过渡。公共权力具有自我扩张的特性，极容易导致权力的异化，如果不加以监督和制约，就会使公权力陷入膨胀的陷阱，导致公权力滥用和腐败。孟德斯鸠说过，一切有权力的人都容易滥用权力，这是万古不易的一条经验。现代政治文明发展的实践证明，只有将公共权力置于有效监督机制之下，才能避免掌握公共权力的人滥用权力而导致民主制度的破坏，绝对的权力必然导致绝对的腐败。中国特色社会主义政治文明不同于西方国家的

① 洪坚. 论红船精神与党的群众路线——舟水关系的当代诠释 [J]. 嘉兴学院学报，2015 (2).

民主政治，但对公共权力的制约与监督却是共同的，邓小平曾指出"权力必须受监督，共产党须接受监督"。中国在全面建成小康社会过程中的政治文明建设必须关注公共权力监督机制的构建和完善，并以此推进国家"良治"。公共权力监督的制度构架和实施方式，处处体现着政治文明的精髓，如何通过制度选择，把公共权力限制在一个合理的范围内，对公共权力实行有效的监督和制约，让公权力合理、规范、高效地运作，推动社会健康、良性、有序地发展，已成为当前我国政治文明建设和政治体制改革的关键所在。这就要求在政治领域中确立公共权力的文明状态，提高中国特色社会主义公共权力文明的程度和水平。政治文明是人们在政治活动中运用公共权力分配资源、管理国家和社会而呈现的文明状态，政治文明建设的重点和核心是公共权力文明建设。公共权力文明是指社会政治活动中公权力运作的先进状态，要求公共权力的运行符合其预设的目标和宗旨，公共权力的行使符合公正、廉洁、高效、正义的准则，符合法制化、民主化、现代化的普遍共识。涵盖权力思想、权力心理、权力制度、权力运作、权力评价等多方面的内容。既包括权力主体与权力思想的文明，又包括权力制度和权力行为的文明。归根结底，公共权力文明的内涵包括三个层次：权力观念、权力制度和权力运行。权力观念是基础，支配着权力运行，权力制度是保障，影响着权力观念的形成，引导和规范权力运行。公共权力文明就是要实现权力观念文明、权力制度文明与权力运行文明，要规范与完善权力运作机制与监督机制，实现权力运行的规范化、制度化和程序化，是工具理性与价值理性、实体文明与程序文明的内在统一。

公共权力观念文明属于政治思想范畴，公共权力代理人（政府）是决定整个政策倾向和权力行使方向的最重要因素，他们的权力观念与政治责任较大程度地影响着权力的公共走向和公共政策的成败，社会公众对公共权力的政治服从是建立在公共权力主体能够很好地履行政治责任基础之上的，只有公共权力主体很好地履行了政治责任，才能赢得社会公众对作为公共权力运行规则的政治制度的认同，进而巩固和扩大政治合法性的基础。公共权力观念文明与政治责任履行的统一政治文明建设的理论逻辑，不仅顺应了公共权力主体分离下政府必须代表公众利益的根本要求，而且为政治文明的发展提供了重要的指标与评价标准，指明了公共权力行使的正确方向。在中国特色社会主义政治文明建设进程中，我国公共权力始终坚持为大众服务的原则，坚持为最广大的人民群众谋利益的方针，关键是要在领导干部头脑中树立正确的权力观念。

公共权力制度文明就是在制度层面上建设权力文明，是公共权力运行的法制化、制度化建设，是对公共权力的纠错纠偏机制。公共权力的执掌者（代理人）在公共决策过程中因其机会主义选择，据公共权力为私有或无限扩张，进而违背了委托人（公众）的利益和公共权力目标的向善性。规避这种"道德风险"必须对公共权力进行有效的监督，使这种风险降低到最低限度并且得到及时有效的终止和纠正。权力制度文明是多种政治力量之间互相制约，通过抗衡和制约形成政治上的稳定和发展，通过法律和制度建设，能够对公共权力运行进行有效的监督和制约，对出现的风险进行及时纠错纠偏。

对公共权力结构体制的细致分解是对权力进行有效监督的基本前提，在公共权力结构设计上，没有最好，只有更适合。西方国家采用三权分立的权力制衡模式并获得成功，与它们的国情是分不开的。英国的虚君制三权分立、美国总统制三权鼎立、法国特色的总统制分权模式，都是在社会历史发展过程中形成并不断完善的。当代中国吸收了西方分权思想的有益成果，在主权在民、宪政法治、监督制约的原则下，客观上形成了"五权架构"模式的公共权力结构，即执政党领导权、全国人大权、国家行政权、国家司法权、国家监督权，支撑并保持着中国政治平台的稳定，其中，执政党的领导权是最为核心的权力，最具政治权威。

从当前我国公共权力结构体制现状来看，各权力主体在结构上似乎都有比较明确的权力边界和各种限权性规则，但在公共权力实际运行过程中，权力受到约束和限制的程度和理论上还有一定的差距，由于公共权力的法治化、制度化建设滞后，权力制度文明水平相对较低，曾给我们带来了一些失误和损失。面对当前我国公共权力结构中多元化的主体关系，如何在公共权力监督机制构建中，弥合表面权力关系和实质权力关系之间的裂缝，既能完善对不同权力主体的监督机制，又能协调好不同机制在统一政治制度体系中的运行冲突。不仅需要制定静态的法律制度，还要完善动态的权力结构，通过制度设计和机制选择实现对公共权力的控制，克服公共权力的恣意与滥用。当前中国正处在以建设社会主义市场经济体制为目标的经济转型中，迫切需要改革政治管理体制，建设与现代市场经济相适应的民主政治架构。新时期中国权力制度文明发展的重点是以政党、国家（政府）与社会的权力结构关系制度性创新为着力点，有效地分配和规范党、国家和社会三者的功能，并使它们形成良性互动和互补的关系，改革、完善与社会主义市场经济相适应的民主政治架构。

公共权力运行文明是在权力运行环节上所提出的要求，它与公共权力观念文明和制度文明存在着密切的联系，是两者的具体体现。公共权力运行文明水平的高低充分代表了一个国家权力文明的水准，体现着一个国家政治文明的进展情况。在泛功利化的当下，我国公共权力运行领域中出现了不少的权力"失范"现象，一方面，公共权力运行缺乏法制基础，在行政立法、执法与监督方面，都不同程度地存在不足，公共权力往往会突破各项法律法规的许可范围。另一方面，公共权力运行过程缺乏透明度，未形成有效的相互衔接、相互制约的权力与责任机制，难以构成一个完整的权力制约链，容易滋生腐败和暗箱操作等问题。针对政治活动过程中的公共权力"失范"问题，应建立合理的公共权力运行机制，通过对公共权力运行的合理性、合法性和有效性进行的全面监督和控制，防止公共权力的滥用和失效，努力提高公共权力运行环节的质量。公共权力运行机制是由一系列相互衔接、相互制约的制度构建起来权力运作的轨道和程序，以保证公共权力在规定范围、按规定程序正常有效地活动。党的十八大报告指出："推进权力运行公开化、规范化，完善党务公开、政务公开、司法公开和各领域办事公开制度，健全质询、问责、经济责任审计、引咎辞职、罢免等制度，加强党内监督、民主监督、法律监督、舆论监督，让人民监督权力，让权力在阳光下运行。"党的十八大报告对公共权力运行制度建设提出的要求，体现了宏观架构同微观运作相结合、内部管理同外部监控相贯通的特征。

公共权力行使必须依照法定权限和法定程序，公共权力的监控应紧扣公共权力运行的各个环节，要与公共权力互相联系构成一个动态的运行过程，才能有效地遏制公共权力的滥用和失范，实现权力的公共性。加强对公共权力的制约和监督，是完成党的十八大提出的政治体制改革的重要目标，是推进政治文明建设的艰巨任务，需要我们不断地深入探索、总结经验、丰富实践，建立健全符合我国国情的公共权力运行机制。

总之，公共权力文明在中国特色社会主义政治文明建设过程中处于核心和基础的地位，加强公共权力文明建设，必须坚持权力观念文明、权力制度文明、权力运行文明间的协调发展的方针。

二、国家审计权是国家的"第四种权力"

从分权制约权力，到形成"第四种权力"是一种历史演化的必然现象。国际上，不同专家发表了自己不同的观点。例如，阿克顿、洛克、孟德斯鸠和萨拜因。

1. 分权以制约权力

国家公权力的配置服务于国家统治和国家治理的需要，专制国家设计了确保最高权力掌握在一人之手的权力配置体系，围绕着确保权力在一人之手，设计了许多精妙的政治制度。而在民主共和国，权力配置的要义在于确保权力不会被个人或少数人专有。所以在资产阶级革命胜利后资产阶级设计出权力分立制度。阿克顿说古罗马人发现了这么一个道理——正是按这个原理建构了罗马共和国，那就是权力，一旦它处于分立状态时，那么，就没有必要取消它的存在。

如何分立权力不是资产阶级分权学说的核心，如何制约最高权力才是权力分立的关键。围绕着对最高权力的制约，资产阶级思想家提出了各种学说，洛克在《政府论》中提出将国家最高权分为立法权、司法权和联盟权，分由三个国家机关行使。孙中山先生在1924年《建国大纲》中提出了"五权宪法"的构想，将国家的最高权设计成立法、行政、司法、考试、监察五个部分，分别由五个国家机关行使，相互制约。

分权学说影响最大的当属孟德斯鸠在《论法的精神》中提出的分权制衡学说，孟德斯鸠非常明确地提出了将国家最高权力分为立法、行政、司法三个部分，由三个互不隶属的国家机关行使，三者相互制约与平衡的主张。美国政治学者萨拜因说，孟德斯鸠在《论法的精神》这一名著第11卷确曾把英国的自由归结为立法、行政、司法三权分立，以及三权的彼此约制与均衡，并把这一学说作为自由立宪的信条。他说："世界上还有一个国家，它的政治的直接目的就是政治自由。我们要考察一下这种自由所赖以建立基础的原则。如果这些原则是好的话，则从那里反映出来的自由将是非常完善的。"这个国家就是英国，他认为这种政治自由建立的基础就是三权分立。他在英国的基础上推而广之，认为"每一个国家有三种权力：一是立法权力；二是有关国际法事项的行政权力；三是有关民政法规事项的行政权力。……我们将称后者为司法权力，而第二种权力则简称为国家的行政权力"。随着美国《宪法》及其他资本主义国家《宪法》纷纷以孟德斯鸠学说为立宪依据，国家最高权力一分为三，三者之间相互制约与平衡遂成为人们对西方民主宪政的共识。

2. "第四种权力"

人民往往以为宪政国家就是三权分立国家，这实际上是一种误解。就是在资本主义国家，宪法在保留了三权之外，还通过《宪法》和下位法，设计了"第四种权力"——独立的监督权。这种权力一般既不从属于行政，也不依附于立法与司法。这种权力在有的宪法中表现为监察与审计，例如，1946 年《中华民国宪法》中设计的监察院就类似于中国传统的御史制度，兼有审计与监察两种监督权能，在有的国家则主要表现为独立的国家审计权。《德国联邦基本法》第 114 条规定："联邦审计局，其成员享有法律上之独立性，审查账目及预算执行与资产管辖之经济性与正确性。除联邦政府以外，审计局应每年直接向联邦议会及联邦参议院报告。其余联邦审计局之职权由联邦法律定之。"也就是说联邦审计局的地位由法律加以规定，而德国《联邦审计院法》第 1 条规定，"联邦审计院是最高联邦机构，只受法律约束"。德国联邦审计院是一个最高联邦机构，独立的并且只向法律负责，既不属于行政权，也不属于立法权或司法权。日本的会计检察院是日本最高审计机关，日本《会计检察院法》第 1 条规定，"会计检察院对内阁具有独立地位"。1958 年的《法兰西共和国宪法》第 47 条规定，"审计法院协助议会和政府监督财政法的执行"。尽管《利马宣言审计规则指南》指出："审计机关作为国家机关是国家整体的一部分，因此，它们不可能绝对独立。"但在许多国家，最高审计机关的确类似最高司法机关，不仅只对法律负责，而且不隶属于立法、司法、行政机关。

即便最高审计机关隶属于立法机关或行政机关，它们行使审计监督权的方式仍然是独立的。美国审计署（General Accounting Office，GAO）隶属于美国国会，但美国审计署行使职权的方式完全不是会议式的立法权运行模式，而是与国会相对独立。威廉·普罗克斯迈尔（William Proxmire）在《美国审计总署》一书的序中写道："审计总署对财政预算的监督对于国会顺利地发挥其作用是不可或缺的。没有审计总署和它拥有的审计权与调查权，国会在监督和监察方面就几乎无能为力。而且，审计总署几乎是国会可以用来调整行政部门片面用款要求的唯一机构。"它隶属于国会主要是由于美国审计署依美国《预算与会计法》的要求"在每一次国会例会开始时，都应以书面形式向国会报告提出在公共资金的收入、支出、使用等方面立法的建议"。同样，被认为是行政型国家审计典型的韩国，国家最高审计机关监察院不外乎是在当年向总统提交审计报告。韩国《宪法》第 47

条规定："监察院每年对年度财政预算收入、支出的决算进行检查后，向总统和次年度向国会报告结果。"

人们一般将国家审计权归结为三种典型模式，即立法型、行政型与司法型，但无论采取哪种审计模式的国家，它都不是简单地将国家审计权等同于立法、司法、行政等元权力，监督权是基于元权力而产生的派生权力，在有些国家它似乎独立于立法权、司法权和行政权，而在另一些国家又与立法权、司法权和行政权之一相互结合。这种现象的存在恰恰表明国家审计权的监督权属性，这种既依附又独立的关系恰恰说明它是"第四种权力"——如同立法、行政、司法三权相互分立与制衡一样完全的分立，则将一个极权分成了三个；完全的一致则失去了分权的意义，只有既独立又依附的关系才是分权与制衡的真谛。

尽管随着近现代国家权力形态的多样化、复杂化，国家审计权体现出明显的"第四种权力"的独特品质，这种独特的品质就是：专业性、公益性和监督性。国家审计权是主体以公共利益为依归，依法为社会和公民提供公共服务，体现人民的意志和利益的一种相对独立的公共权力。国家审计权的这种性质意味着它的权力配置模式是在对所有与公共财政有关的国家机关进行监督时只对法律负责——无论国家审计机构在一个国家处于什么地位，要想有效进行审计监督，必须只对法律而不对其他任何机构或个人负责。

第四节　我国国家审计转型期瓶颈
——基于国家审计固有局限性视角

一、我国国家审计必须紧紧跟随政治体制改革

我国政治体制区别于其他国家，有着自己的特殊性。

政治制度主要包括国体与政体两方面，常常反映为以下三组关系：政治和经济的关系、国家和社会的关系以及中央和地方的关系。中国政治制度的基本结构可以概括为：在中国共产党的统一领导下，实行人民代表大会制度、多党合作与政治协商制度和民族区域自治制度。具体分析，当代中国的政治制度大致包括以下十二个方面：宪法制度、政党制度、人民代表大会制度、国家主席制度、选举制度、多党合作与政治协商制度、中央和地方的行政制度、军事制度、公务员制度、司法制度、民族区域自治制度以及特别行政区制度。在当代中国多种政治制度构成中，如果想要弄清楚多种政治制度的相互关系及相互影响，需要找出其中的主要关系。在回顾 1949 年以后的政治发展过程中，可知中国共产党的作用和地位，在中国的多种政治关系中最为重要的是党政关系，党政关系是当代中国政府与政治最核心的关系，也是读懂当代中国政治生态的切入点。此外，通过历史和现实的考察，我们也可以看到，在党政关系中占据重要地位的是党和人大的关系、党和行政机关的关系。

1. 党政关系：读懂中国政治的切入点

自 20 世纪 80 年代中期以来，"党政关系"是中国政治生活中开始出现的一个重要概念。"党政关系"中的"党"即中国共产党，"党政关系"中的"政"则是一个有着多种含义的，在使用上相当广泛的概念，包含政权、政府、政协、行政、政法、担负一定"政治任务"的人民团体等多种含义①。在中国政治权力结构的各个要素中，中国共产党无疑居于最突出的地位，这一特殊地位是由历史和现实共同选择的结果。在历史发展过程中，中国在政治舞台上逐步形成了除政党、政府以外的其他政治行为主体，包括政协以及社会团体，党和其他这些政府行为主体的关系处于领导和合作状态。这种特殊的地位反映在政治权力结构的各个要素之间的关系上，必然形成这样一种格局——中国共产党与其他各个要素的关系占主导

---

① 陈红太. 从党政关系的历史变迁看中国政治体制变革的阶段特征 [J]. 浙江学刊, 2003 (6).

地位，这种关系也是读懂当代中国政治的切入点。

中国的各种政治关系和较为重要的政治现象，都在一定程度上包含着"党政关系"的因素。"党政关系"的特殊地位，在当代中国的政治权力结构中得到了最充分的表现。对于"党政关系"在中国政治生活中的这种特殊作用和特殊地位，中国的公众普遍有所体验和认识。具体来说，党和人大的关系在于，党的决议通过人大变成国家的法律和决策，从而成为行政部门执行的法律或政策；党和政协的关系是党领导政治协商会议形成统一战线，团结一切可以团结的力量进行社会主义现代化建设；党和人民团体的关系在于人民团体服从党的领导，在社会管理中协助中国共产党完成一定的社会管理工作。

党政关系在考察中国政府过程中居于突出地位，也突显中国共产党在我国政治生活中的重要性，因此，需要不断提高中国共产党科学执政、民主执政和依法执政水平。把人民当家作主作为根本出发点和归宿，把坚持和完善党的领导放在处理好中国政治生态的大背景下，使社会主义民主制度的完善同党的执政方式的完善同步推进，保证党领导人民有效治理国家。

2. 人民代表大会制度：中国的根本政治制度

我国《宪法》明确规定："中华人民共和国的一切权力属于人民，人民是国家的主人，也是宪法和法律所确认的享有民主政治权利的主体。人民依照法律规定，通过各种途径和形式，管理政府事务、市场事务和社会事务，管理政治、经济、文化、社会和环保事业。"

从政权形式考察，中国的国体形式是以工人阶级领导的、以工农联盟为基础的人民民主专政国家，一方面，在人民内部实行最广泛的民主，用民主和法治的方式解决人民内部矛盾，尊重和保障人权，保障人民的合法权益；另一方面，依法制裁侵犯公民人身权利和民主权利、贪污贿赂和渎职等各种犯罪行为，维护法律秩序，保护国家和人民利益。而如何有效地完成上述任务，还需要有相应的政权组织形式加以配合，在我国，人民代表大会制度是根本政治制度，也是我国的政体形式，是实现人民民主专政的有效形式。

从体制层面考察，人民代表大会制度是我国人民当家作主、参与管理国家事务和社会事务的政治制度。全国人民代表大会是最高权力机关也是最高立法机关，在中国的政治舞台上发挥着至关重要的作用。从当代中国政治体制来看，我国实行议行合一制度，国家机构的重要组成部分包括国家主席、国务院总理、最高人民法院和最高人民检察院院长都是由其产生对其负责，经过 70 年的发展，我国的人民代表大会制度已经进入法制化阶段。

从功能层面考察，人民代表大会制度承担着重大的决策功能，在政府过程中占据重要的地位，对中国共产党汇集起来的民意进行决策，将党的意志形成法律之后交由国家行政机关执行。作为最高立法机关和最高权力机关，宪法赋予其立法权、任免权、监督权和决定权。尽管由于细节上的问题人民代表大会还未能充分发挥其职权，但是依然不能否定其作为国家权力机关的重要地位。

从政权形式、体制层面和功能层面都可以看出，人民代表大会制度在中国的政治生活中发挥着重要的作用，甚至很多时候，中国共产党的领导都是通过人民代表大会的形成得到落实和贯彻执行。

3. 行政机关：从全能政府走向有限政府

广义的政府包括立法、司法和行政机关，而行政机关则是狭义的"政府"，行政机关是国家机构的基本组成部分，是依法成立的行使国家行政职权的行政组织，包括政府以及相关功能部门。从政治活动过程来看，由人大通过的决定或人大制定的法律必须有相应的机关履行执行职能，在我国，国务院及各级地方政府即承担着履行职能。

国家行政机关包括最高国家行政机关和地方行政机关，其中，最高国家行政机关中央政府是国家行政机关的核心即国务院，地方国家行政机关分为省（自治区、直辖市）、市或州、县区和乡镇四级人民政府。国家行政机关是国家权力机关的执行机关，各级国家行政机关都由本级人民代表大会产生，向本级人民代表大会及其常委会负责并报告工作受其监督。国家行政机关实行首长负责制与集体领导相结合的原则，决策前民主讨论，讨论后由行政首长决策，决策后果由行政首长向同级人大负责。国家行政机关的领导体制是按照管辖权限和活动地域履行相应的职能承担一定的职责，并且下级国家行政机关受上级国家行政机关的领导，地方各级国家行政机关服从国务院的统一领导，行政机关在科层制的规范约束中以法治、服务和效率为价值诉求。

中华人民共和国成立以后，我国政府由全能政府逐步走向有限政府和服务型政府，但是政府权力尤其是行政机关的权力依然很大。我国的国家行政机关与其他国家行政机关一样，在面对复杂的社会情况时，其权力范围不断扩大并掌握了一定的立法权限，有权制定行政法规、行政规章，发布条例、决定和命令等，指导所属各部门、下级行政机关、企事业单位和社会团体的行政活动。与其他国家行政机关相比，我国的行政机关掌握着较大的行政权力，承担了一些本应该由市场和社会承担的职能，并且行政行为尚未完全实现制度化管理，行政行为的合法性、合理性和绩效性有待于进一步提高。因此，在建立科学有效的组织体系的基础上，我国政府提出实现政府职能转变的目标：创造良好发展环境、提供优质公共服务、维护社会公平正义。政府职能转变的关键就是要实现四个分开：政企分开、政资分开、政事分开、政府与市场中介组织分开，进而实现从全能政府走向有限政府，从有限政府走向有效政府、服务型政府。

二、中国政治改革的方向性分析

政治体制改革一直是一个热门话题。根据形势任务的变化，中国共产党对政治建设和政治体制改革做出了全面部署，强调必须坚持正确的政治方向，坚持中国共产党的领导，以保证人民当家作主为根本，以增强党和国家活力、调动人民积极性为目标，扩大社会主义民主，建设社会主义法治国家，发展社会主义政治文明。明确了改革的宏观战略，还需要进一步的落实，如何进行政治体制改革则需要政治家的智慧与勇气及对改革原则、方向和进程的有效掌控。

1. 以社会主义宪法民主为改革目标

以宪法民主为导向的政治体制改革是一项宏大的系统工程，将涉及宪法在政治生活中的重要定位，涉及利益格局的调整，涉及各种权力主体间关系的定位，涉及社会管理模式的确定，涉及公民意识的成长。作为社会主义国家，我们的政治体制改革需要尊重社会主义宪法，在社会主义宪法范围内不断扩大民主参与，形成中国特色的民主政治。

坚持社会主义宪法民主原则意味着尊重宪法的权威，中华人民共和国的一切权力属于人民，扩大公民有序政治参与是必然的步骤。坚持社会主义宪法民主原则，第一步是坚持党的领导，中国共产党领导社会主义建设和社会主义民主政治，以宪法民主为原则的政治体制改革必然离不开中国共产党的领导。第二步是确立社会主义宪法权威，现行中华人民共和国宪法于1982年公布施行，至今已经有37年，历经四次修改，已经在一定程度上加以完善。习近平同志指出，维护宪法权威，就是维护党和人民共同意志的权威，捍卫宪法尊严，就是捍卫党和人民共同意志的尊严。第三步是广大公民的政治参与，我国广大人民是当家作主的主人和国家政治生活的主体，不仅可以通过国家立法机关把自己的意志上升为国家法律，使国家意志和人民意志在本质上达到内在统一，而且通过广泛的政治参与，依法参与到管理国家事务和社会事务的过程中，既促进决策的科学化、民主化，又促进政府工作的科学化、民主化，实现选举政治无法实现的对政治人物和官僚的全过程监控。

总体而言，要适应经济发展、社会进步和人民群众政治参与积极性不断提高的要求，要在尊重宪法的基础上，拓宽民主渠道，健全民主制度，从各个层次、各个领域、政治活动全过程中扩大公民有序政治参与、保障人民的民主权利。怎么才能坚持宪法民主原则？首先，结合当代中国的政治生态，必须处理好中国共产党与宪法的关系。通过党的代表大会和全国人民代表大会，形成关于政治体制和行政体制改革的决议，明确改革的方向，落实改革的方案。其次，尊重宪法扩大民主的基本路径是先行在党内实行民主制，建立领导干部选举、使用、考核、监督、罢免的民主机制，遏制党内腐败，重塑执政党形象。最后，由党内民主推进到人民民主，以党内民主引领人民民主，在不断完善社区自治和村民自治的基础上不断地推进人民民主，积极规划和建设市县民主选举，由点到面，逐步完成国家民主法治的转型。

2. 理顺党政关系的顶层设计

"党"的概念的专有性，决定了"党政关系"是一种范围很清楚的政治关系，即是有关方面同中国共产党的关系；"政"的概念的多重含义，又决定了"党政关系"不是一种单一的政治关系，而是一系列或说是一组政治关系，包括党和人大的关系、党和国家行政机关的关系、党和人民政协的关系、党和国家司法机关的关系、党和各人民团体的关系、党和公有制企事业单位的关系、军队中党的组织和业务方面的关系等。要正确认识和处理党和人大、政府、政协、群众团体的关系，在坚持党的领导前提下，支持各方依法履行各自的职责，中国共产党在当代中国政府与政治过程中的定位是"领导和指导"。

在上述诸多党政关系中，最重要的是理顺党和立法机关、行政机关的关系，明确各自的职责所在以及合作的领域和方式。从政府过程来考察，中国共产党与立法机关和行政机关的关系，中国共产党在当代中国政治生态中起着汇集民意、目标设计和外在监督的作用。中国共产党将民意汇集起来，交给人大去决策，人大有权对此进行立法，将党的意志形成法律。行政机关在政府过程中的职能在于执行人民代表大会形成的法律，并对执行的效果向人民代表大会负责。

从中华人民共和国成立之初的党政不分，到之后政治学界提出的党政分开，或是学界逐步统一的认识党政关系规范化，无论是哪一种提法目的都是为了理顺党政关系的顶层设计。总之，逐步建立起规范化的党政关系，是为了从根本上加强党的领导。一是中国共产党对政府、人民团体等的领导，主要应是政治领导。二是党对政府、社会团体等的领导方式的调整，必然应伴之以其自身工作和活动方式的改变。三是关系规范化以后，党应当集中精力加强自身的各方面建设和思想政治工作。四是作为党政关系规范化的一项重要措施，除少数特殊单位以外，党最好实行普遍的属地制的领导体系。

3. 人大和行政为改革突破口

政治体制改革是一项系统工程，选择正确的路径是改革成功的第一步，因此，必须选择阻力较小的方向作为突破口，当前，在中国政治体制的整体框架中，人大制度的改革和行政体制的改革成为中国共产党和中国政府的首要选择。

1982 年我国《宪法》规定，国家最高权力机关是全国人民代表大会及其常委会，国家行政机关和司法机关由其产生对其负责。因此，在《宪法》的范围内不断完善落实人民代表大会制度是阻力最小的途径。当代中国政治体制改革应当以改革与完善人民代表大会制度为突破口，落实《宪法》所确定的人民代表大会制度的有关规定，重点释放、健全各级人大已有的政治功能，使之充分发挥代议职能和监督职能。如何健全各级人大的功能，则需要我们进一步思考。学界当前议论的比较多的改革方案有以下三个方面：一是对人大组织程序方面的改革，如人大代表专职化、确定各级人大代表规模、减少官员代表比例等；二是加强人大职能方面的改革，如加强各级人大对同级政府的预算和审计控制；三是加强人大的选举功能，其实这一点也是人大职能，单独列出是因为这一选举职能需要从基层人大出发，发挥基层人民代表大会，尤其是县乡人大在选举地方行政首长过程中的作用，在保证稳定的前提下促进基层选举工作的深入。

与人民代表大会制度改革类似，行政改革也是当前中国政治体制改革中不可忽视的一点。"回首改革开放 40 年，我国先后经历了多次较大的行政管理体制改革。尽管每次改革的背景不同，任务不同，过程有难易，效果有大小，但历次改革都适应了生产力发展的阶段性需要"。当前，行政机构改革已经到了攻坚阶段，2013 年，在政府机构改革过程中，以"职能转变为核心"已经被确定为机构改革的目标指向，但是如何有效推进改革进程，还需要设计一个整体框架。

当前我国的行政体制改革是以政府职能转变为核心，政府职能转变包括以下三个方面：一是从政府与市场、社会的关系中界定政府职能的边界，从而实现政府职能的转变，政府把不该管的转出去，向市场和社会放权，市场可以完成的、社会可以承担的交给市场与社会，这种政府职能转变是以大部门体制改革的方式进行。二是从层级政府的职能划分中实现政府职能的转变。当前，不同层级的政府在纵向间职责配置和政府机构设置上高度一致，即所谓的"职责同构"。在这一模式下，政府纵向的职责配置和机构设置表现为典型的"上下对口，左右对齐"，也即与五级政府管理的工作大体一样，机构设置大体一样，并由一个个条块"串"起来，形成条块交叉结构。这样的机构设置存在一定的弊端，各级政府职能区分度不高，为改变这一现状，我们需要完成两个步骤：第一步需要明确从中央到地方的行政层级，五级、四级还是三级；第二步实现中央政府、中层政府和基层政府职能的再定位，从而实现各级政府职能的有效转变。科学有效地划分中央、地方政府的职能，在此基础上确定中央以及地方各级政府的职能，改变职责同构的现象，实现各层级政府职能细分和区别。三是从政府管理区域范围调整中实现政府职能的转变。这种政府职能的"转变"，是实现一个地方政府和相邻政府之间的职能整合，当政治、经济、文化发展达到一定程度之后，行政管理的横向幅度势必不断扩大，通过行政转变。

参考文献

[1] 董大胜. 财政审计大格局思考 [J]. 审计研究，2010 (5)：6-11.

［2］杨富如. 大格局下如何把财政审计引向深入［J］. 审计月刊，2010（6）：17.

［3］叶俊甫. 深化财政审计重点要把握好"九个字"［J］. 审计月刊，2010（10）：18.

［4］李明辉. 对构建财政审计大格局若干问题的思考［J］. 会计之友，2012（3）：4-7.

［5］白日玲. 构建财政审计大格局的思路和保障措施［J］. 审计研究，2010（5）：12-15.

［6］周效华，罗志敏. 构建财政审计大格局的五个方面［J］. 中国审计，2010（11）：49-50.

［7］谢继明. 关于深化财政审计的思考［J］. 中国审计，2010（11）：51-52.

［8］卢家辉，杨建荣，倪巍洲. 新时期我国财政审计：方向、目标、重点和对策［J］. 审计研究，2011（5）：28-34.

［9］叶青，鄢圣鹏. 预算审计体制改革研究：反思与比较［J］. 审计与经济研究，2006（9）：3-7.

［10］李希富. 关于预算执行审计需要明确的几个问题［J］. 审计研究，2002（2）：45-47.

［11］虞伟萍. 关于深化部门预算执行审计的几点思考［J］. 审计研究，2001（5）：3-6.

［12］徐燕. 深化预算执行绩效审计研究［J］. 审计月刊，2010（4）：10-11.

［13］钱啸森，吴星. 深化中央部门预算执行审计的若干思考［J］. 审计与经济研究，2008（7）：5-8.

［14］李业林. 财政预算执行审计研讨会综述［J］. 审计研究，2007（6）：3-7.

［15］范燕飞. 中国政府审计公告存在的问题研究［J］. 财会月刊，

2011（25）：42-44.

[16] 徐建龙. 县级审计机关加快实行预算审签制度的几点思考 [J].
审计与经济研究，2005（5）：44-45.

[17] 刘家义. 论国家治理与国家审计 [J]. 中国社会科学，2012
（6）：60-72.

[18] 尹平，郑石桥. 国家治理与国家审计 [M]. 北京：中国时代经
济出版社，2014（9）.

[19] 王家新等. 国家审计的政治经济分析 [M]. 上海：上海三联书
店，2013（7）.

[20] 蒋燕辉. 公共权力及公共责任审计研究 [M]. 北京：经济管理
出版社，2018（11）.

第四章

国家审计服务于公共治理的审计模式研究

从国家审计单纯服务于国家治理，转型为综合服务于公共治理是一个国家治理转型期的质的飞跃。随着新公共管理运动的兴起，政府的职能以及国家的治理机制也随之发生变化，由此也带来对国家审计需求的变化。

新公共管理运动成为推动国家治理转型的理论依据。新公共管理运动是一场世界范围内的行政改革。其运动开始于时任美国总统里根政府时期，即20世纪80年代。新公共管理倾向于把决策制定和决策执行分离的体制，以精简政府机构，缩减政府开支，减轻政府负担，同时为社会和人民提供更好的公共服务。为了实现两者分离，新公共管理主张通过民营化等形式，把公共服务的生产和提供交由市场和社会力量来承担，而政府主要承担掌舵性职能，如拟订政策、建立适当的激励机制、监督合同执行等，引导它们为实现公共利益的崇高目标服务。

第一节 国家治理转型与国家审计转轨分析

根据列宁在《国家与革命》一书提出的"人民监督"的思想，苏联共产党决心彻底粉碎沙皇集权的、官僚主义的国家监督机器，使社会主义的监督基础牢牢扎根于广大的人民之中。所以，党广泛吸收成千上万的优秀工人、士兵参加国家机关工作，发动群众直接参与国家管理和监督工作。

张慧君（2009）借助于美国著名社会学家弗朗西斯·福山所提出的国家构建理论框架，对俄罗斯转型进程中政府能力变迁的轨迹，以及其中存在的核心制度问题进行了分析。该理论框架认为，政府职能的范围包括程度不同的职能，基本职能是应对市场失灵，最小职能包括提供纯公共物品、国防、法律与秩序、财产权、宏观调控、公共卫生，中等职能包括应对经济外部性、反垄断、金融监管、环境保护、提供社会保险等，积极的职能包括协调私人领域的活动、集群战略、建设市场、资产再分配等，如表4-1所示。

表 4-1 政府职能的范围

	应对市场失灵			
	提供纯公共产品			
	国防			
最小职能	法律与秩序			
	财产权			
	宏观调控			
	公共卫生			

	应对市场失灵			
	应对经济外部性	反垄断	克服信息不对称	提供社会保险
中等职能	教育	公共设施管理	保险	养老金重新分配
	环境保护	反托拉斯	金融监管	家庭补助
积极的职能	协调私人领域的活动			再分配
	建设市场			资产再分配
	集群战略			

在该理论框架中，首先区分了两个概念：国家活动的范围和国家权力的强度。前者主要指政府所承担的各种职能和追求的目标，后者指政府制定并实施政策和执法的能力，特别是干净的、透明的执法能力。

一、近年来的中国的国家治理转型与国家审计

中国共产党十七届二中全会决议《关于深化行政管理体制改革的意见》（新华网. http://news. xinhuanet. com/newscenter/2008 - 03/04/content_7717129. htm。）提出：改革开放40年来，中国取得了经济、社会、文化的全方位发展，尤其是经济领域的超常规增长是举世瞩目的。在这一过程中，中国政府扮演着经济和社会全能的主导者角色，并形成了典型的"管制型政府"治理模式。然而，这种"管制型政府"治理模式与经济和社会的发展产生了一定的不适应性。单一的政府管理或市场调节已无法满足利益多样化、价值多元化、发展动态化、经济全球化的需要，政府、市场和社会的良性互动逐渐成为社会管理的必然要求。党的十七届二中全会提出，到2020年建立起比较完善的中国特色社会主义行政管理体制，"按照建设服务政府、责任政府、法制政府和廉洁政府的要求，着力转变政府职能、理顺关系、优化结构、提高效能，做到权责一致、分工合理、

决策科学、执行顺畅、监督有力，为全面建设小康社会提供体制保障"。

王家新认为，当代中国国家与社会关系的巨变，对国家治理提出了新的挑战，国家与社会新型关系就要能够避免市场失灵、政府失灵、社会失灵，使两者在结构上互动、功能上互补、机制上互联，以增强社会的整体优势，共同应对各种可能出现的社会问题和社会风险。随着中国国家与社会关系的变革，中国国家治理结构和治理模式发生了相应的变化，要求国家审计的角色和功能进行相应的改变，要在国家与社会的"合作与共治"中确定国家审计的合理定位。

从 1992 年至今，全面建立市场经济体制时期的国家审计监督。强化了市场治理的重要作用。1992 年党的十四大确立了建设有中国特色社会主义理论在全党的指导地位，提出建立社会主义市场经济体制。中国的国家治理逐步由单一的政府治理向以政府治理为主导，政府治理、市场治理和社会治理协调互动的方向演进，社会治理与市场治理作为政府治理的补充而成为国家治理的重要组成部分。1994 年 8 月 31 日，中共八届全国人大常委会九次会议通过了《中华人民共和国审计法》，自 1995 年 1 月 1 日起施行。这部审计法按照建立社会主义市场经济体制的要求，把我国审计实践中创造的一些成熟经验确定下来，确立了审计机关的综合经济监督地位，标志着我国审计监督工作步入了法制化轨道。

党的十六大提出完善社会主义市场经济体制和构建和谐社会等一系列重大战略思想，为了保障经济社会健康运行，国家审计制度进一步完善，对审计工作的战略、重点和规范程度等提出了更高要求。社会公众也日益迫切要求政府能够提供基本且有保障的公共产品、有效的公共管理和公共服务，同时也期望政府是负责、透明和廉洁的政府。

2007 年党的十七大明确提出要加快行政管理体制改革。建设服务型政府，要求健全政府职责体系，完善公共服务体系，推行电子政务，强化社会管理和公共服务，强调减少政府对微观经济运行的干预等，并且提出到 2020 年，政府提供基本公共服务能力显著增强等职能转型目标。

从历史发展来看，中国的改革开放和经济社会的快速发展使国家审计的职能和内容也正在发生深刻变化。无论是国家审计的地位和作用还是组织机构、人员配备、法律体系等各方面都得到了长足发展。将国家审计任务和审计职权法律化，与依法治国是一致的，是历史的进步。这也是与中国的政权建设、经济发展、综合国力提高相适应。

王家新认为，近年来，审计机关坚持以中国特色社会主义理论为指导，深入落实科学发展观，牢固树立和认真践行科学审计理念，注重把握审计发展规律，逐步认识到审计是国家治理大系统中一个具有预防、揭示和抵御功能的"免疫系统"，是公共财政的"卫士"；审计的根本目的是维护人民利益，首要任务是维护国家经济安全，基本职责是推动完善国家治理，主要作用是推进民主法治和反腐倡廉建设、促进改革创新和科学发展。基于这些认识和理念，坚持把"推进法治、维护民生、推动改革、促进发展"作为审计工作的出发点和落脚点，对审计工作的长远目标和现实任务进行精心谋划，并大力推动落实，有效地提升了审计工作的层次和水平。

二、坚持党对政府的绝对领导和对领导干部行政权力的双重监督制度

从国家治理视角来看，我国国家审计与主要发达国家及其他转型国家相比较，主要呈现以下几个鲜明的特征：与西方国家对政府经济职能和政府官员实行单一问责机制不同，我国一开始就对权力运行实行双重监督机制，即按照中国共产党章程、通过组织系统对党员干部进行的纪律监督和对各级政府机关经济权力进行的审计监督相结合的双重监督机制。在党内监督方面，中国共产党在遵循马克思主义无产阶级政党建设理论原则的基础上，借鉴国内外政党成立与发展的经验教训，在成立初期就制定了党的纪律与各项纪律检查规定，设立了严格的监督机构，创立了一套纪律检查

制度，提供了中国共产党持续有力发展的重要制度保障。2002 年 11 月，中共十六大提出了"要加强对权力的制约和监督，改革和完善党的纪律检查体制"的任务，以完善党的纪律检查制度。这种党内纪律监督和审计经济监督两种机制相互协调，相互配合，加大了对违纪行为的处分力度，对监督政府权力的运行起到了很好的效果。

第二节　中国国家发展战略目标演变与国家审计面临挑战分析

一、我国各历史时期国家战略目标演变

我国各历史时期国家战略目标都有演变历程。

以毛泽东为代表的中国社会主义道路最初探索者，虽在探索中有诸多失误，但在发展目标上变工业化为四个现代化，开始摆脱苏联片面发展重工业的发展模式的影响。以邓小平为代表的中国特色社会主义道路的开创者，在决策怎样进行现代化建设时，提出走自己的路，建设有中国特色的社会主义，确立了三步发展的战略目标，使社会主义中国日益兴旺起来。以江泽民、胡锦涛和习近平为代表的中国特色社会道路发展者，在各种困难和风险的考验面前，与时俱进，使中国特色的社会主义显示出勃勃生机和无限活力，将一定能够实现中国梦之中华民族的伟大复兴。

历史地看，中国现代化战略目标实现的成功经验基本的有三条：第一，坚持党的领导和社会主义制度。在中国建设的各个历史时期，无论国际风云如何变化，中国共产党始终从中国国情出发，矢志不渝地带领全国人民走自己的发展道路。第二，在坚持自主发展的前提下，审时度势，把

握机遇，充分利用国内外两种资源、两个市场，是实现经济、科学技术快速发展的有效路径。第三，在外受强大的资本主义私有制国家的政治、军事和经济包围，在内有几千年顽固封建私有传统观念的中国在党的领导下搞社会主义，除了对党员干部经常进行思想教育之外，还必须在政治制度设计中做出安排，在权力运行关键节点嵌入忠诚守责的审计、监察和纪律检查制度，监督权力正确运行，防止权力异化和党员干部，特别是党的高级领导干部腐化变质，确保人民江山永远属于人民。

二、国家审计面临的新挑战

随着国家发展战略目标的演变使国家审计面临各种新挑战。

我国的国家审计能否很好地担当起全球化背景下保护人民利益和维护国家经济安全职责，为提高国家治理能力和实现国家经济发展的战略目标提供审计支持，将面临更加严峻的以下三种挑战。

1. 维护国家经济安全的挑战

改革开放以后，中国经济国际化进程加快，不仅国际贸易规模迅速扩大，中国接受国外投资和中国对海外投资都呈现大规模增长态势。此外，中国加入了几乎所有重要的国际和地区经济贸易组织，并成为世界银行、国际货币基金组织和世界贸易组织、世界卫生组织和世界最高审计机关的重要成员国。因此，在全球化和中国经济发展日益融入世界经济发展潮流的今天，人民的利益在很大程度上表现为主权国家的国家利益。而国家的基本利益之一就是国家经济安全，涉及国家财政、国有资产、产业发展、外资并购、境外投资、商品和服务贸易、金融货币、海洋权益和生态环境等领域。首先，国家审计要为中国提高参与全球治理能力，特别是世界经济、国际金融、国际贸易、地球气候和海洋生态等领域全球治理规则及其变化可能对我国国家利益和经济安全带来的影响做出客观的分析和评价，为应对全球治理对我国经济发展形成的冲击，向相关部门揭示风险并提出预警和应对建议。其次，国家审计既要为跨国公司在我国并购活动可能对国家经济安全和相关产业的影响做出评估，关注外资投资布局是否影响我国战略产业安全和金融安全以及国家有关部门在执行外资并购境内企业安全审查制度方面是否存在重大漏洞；同时，随着经济发展和科技进步也要对我国可以扩大对外资开放的投资领域进行评估，从体制、机制、程序和政策层面提出开放的建设性意见，为深化改革和扩大开放提供客观依据。最后，国家审计应及时跟进全球治理、区域治理和重要国家经济政策和法规的变化对我国国有企业海外投资与并购活动提供咨询意见。

2. 应对国家治理结构变化的挑战

除了全球化及全球治理之外，我国的国家治理结构也正在发生巨大的变化。在改革开放以前，我国的国家治理实质上是政府在"唱独角戏"，从中央到最偏僻的乡村，我国各级政府独揽了国家政治、经济、文化等所有领域。改革开放以后，这种单一政府治理的国家治理格局被打破。

改革开放、中国特色社会主义市场经济体制的确立和经济迅速发展，给我国经济、社会带来巨变和转型，也对国家治理产生形成强大的冲击，国家治理结构已经从单一政府治理型向政府治理主导下的政府、市场和社会三者协同治理的格局转变。随着我国经济的发展和市场经济制度的完善，特别是我国城镇化带来的市民阶层的扩大，市场治理力量和社会治理力量将不断增强，并在国家治理中发挥越来越大的作用，并通过大数据时代的信息全球化产生重大的影响。虽然社会治理和市场治理都是国家治理的重要组成部分，但与政府治理体现国家政治意志不同，社会治理和市场治理有其自身的利益诉求和目标，这些利益诉求和目标并不像政府治理一样总是与国家整体利益和发展目标相一致。

3. 服务政府治理的挑战

党的十八大报告指出，"我国仍处于并将长期处于社会主义初级阶段的基本国情没有变，人民日益增长的物质文化需要同落后的社会生产之间的矛盾这一社会主要矛盾没有变，我国是世界最大发展中国家的国际地位没有变。"① 这就要坚持和完善社会主义公有制为主体、多种所有制经济共同发展的基本经济制度，继续解放和发展生产力。

第三节　国家审计服务于公共治理的理论研究

一、国家审计服务于国家治理与服务于公共治理的双重目标是一致的

国家审计不仅服务于国家治理，也服务于公共治理，这两个服务目标是完全一致的。政府审计作为经济运行的"免疫系统"，审计监督的权力是体现人民意志的法律所赋予的。审计监督的根本目的就是维护人民群众的根本利益，推进依法行政，维护社会公平正义（刘家义，2008）。社会主义民主政治建设的重要内容，维护人民群众的根本利益，保证国家的一切权力属于人民。因此，政府审计服务于国家治理与服务于公共治理的目标是一致的。

二、政府审计服务国家治理的差距，需要国家主导的公共治理协同

在审计实践中，政府审计服务国家治理的作用发挥仅仅依靠审计手段和权限履行监督职能，可能会存在不经济、非效率，甚至是无法实现的情形。例如，对国家治理主体的监督，一旦政府公共权力运行人违法造成严

---

① 胡锦涛. 坚定不移沿着中国特色社会主义道路前进　为全面建成小康社会而奋斗——中国共产党第十八次全国代表大会报告.

重后果，按照相关法律规定，应当承担法律后果，只有对相关当事人采取法律措施，方能实现对国家治理主体的真正监督。显然，仅仅依靠政府审计无法完成这一类监督活动。

例如，政府审计在从事社会保障资金审计过程中，需要根据相关社会保障系统协同，才能正常确定社会保障资金使用的真实性、合法性。在审计过程中，需要收集的数据包括庞大的社会保障资金使用对象信息。面对庞大的社会保障资金使用对象家庭、人口、社会关系、家庭财产等数据信息，单单依靠审计人员去收集整理显然是不现实也无效率的。而与此同时，按照业务管理关系，公安、房管、工商等相关职能部门已建立相关业务数据基础资料。审计人员通过在公安机关、房产管理机关等获得相应信息，通过建立社会保障资金审计模型，与相关法规比较，即很快能确定社会保障资金使用的真实、合法情况。因此，在社会保障资金审计过程中，为达成服务公共治理目标，仅仅依靠政府审计是不经济的，从某种程度上说，甚至是不可能的。实际上，现代社会中，信息化技术、计算机网络技术在公共治理中得到广泛运用，公共治理信息绝大多数以各种形式存储于各类治理主体系统。通过政府审计机关与这些业务管理职能部门协调，获得审计所需相关信息，能够有效地降低审计成本，提高审计效率效果。

政府审计服务公共治理目标实现，也可能因为政府审计系统自身管理的原因导致服务公共治理目标不能实现或是不经济、非效率实现。例如，按照现行审计管理体制，政府审计实行属地审计，当就某一事项需要外地进行延伸调查时，如果审计机关自行前往调查，审计成本的原因可能使调查无法进行。而通过与当地审计机关联系，使用当地审计机关的审计结果或是提请当地审计机关协助调查，则可以使延伸调查顺利进行。

以上情形，都造成政府审计服务国家治理目标实现的理想水平和现实水平产生差距。这些差距可以通过政府审计协同公共治理加以实现。对于政府审计治理来说，上述差距即是形成了政府审计服务于公共治理目标的重大障碍。由此，政府审计协同目标（主要是指政府治理目标与公共治理目标协同）可以是政府审计系统内部协同，也可以是政府审计外部协同。因此，总体来看，政府审计协同目标与政府审计目标具有统一性，通过协同治理，所能够达到的目标包括促进政府审计更好地服务公共治理，即促使在审计目标上得到提升，以及促进政府审计更好地实现审计目标，即在审计目标完成过程中获得协同效应（王会金、戚振东，2014）。①

第四节　国家审计服务于公共治理的
方法体系研究

　　公共治理是一个国家综合治理体系。其是一个政府、市场、社会共同参与的，充满制度机制的、动态的过程国家治理中，治理主体掌握国家治理资源，对国家治理结构形成、国家治理目标实现、国家治理环境培育、国家治理主体监督、国家治理服务评价都承担一定的职责。这给予政府审计协同目标达成创造了条件。政府审计协同机会不仅存在于政府审计的常规流程，例如，审计准备、审计实施、审计结果处理等，还存在于政府审计的一些基础性管理工作中，例如，组织结构安排、政府审计文化建设、基础设施支持等。由此，可以看出，公共治理是一种综合协调，或者综合协同的体系。

　　协同概念强调两个或三个主体间的相互作用产生"1+1>2"的协同效应。总体而言，在满足政府审计协同条件的情况下，不同监督主体监督价值链对应环节上的监督活动就存在协同机会。例如，治理主体建立基础数据库，那么在审计监督过程中就可以采用，从而节约成本并提高整体运作效率。因此，从根本上来说，审计协同机会是减少或降低审计系统中不协调的、起摩擦作用的因素，对于协同机会的识别可以采取反向推理的方

---

① 王会金，戚振东. 政府审计协同治理研究［M］. 上海：上海三联书店，2014.

法，即从分析制约审计治理作用的因素出发。从某种意义上来说，识别制约因素或瓶颈因素环节的方法就是识别协同机会的方法。

徐政旦和谢荣（1987）认为，社会主义经济监督是一个由财政监督、税务监督、银行监督、工商行政监督、物价监督、计划监督、会计监督、统计监督和审计监督等组成的复杂而又完整的系统。在此系统中，除审计监督以外的其他监督，都是一种特定的行政专业管理监督。审计监督则是代表国家对上至国家财政收支计划、下至事业单位的经济活动实行独立的多层次、全方位的综合性协同监督。审计的监督不仅对会计监督实行再监督，也对财政、税务、银行、计划等其他监督职能实行再监督。因此，政府审计监督是国家治理总监督控制系统的子系统，是具有超然独立地位的监督控制子系统。

一、政府审计双重服务目标协同公共治理理论基础分析

政府审计的本质理论认为，在政府审计是国家治理重要组成部分的政府审计本质认识下，政府审计作为国家治理监督控制系统的一个子系统，发挥的是服务国家治理的作用。这就要求政府审计要在国家治理系统中，在与其他子系统相互作用、相互影响的非线性作用关系中，从微观问题入手，在促进国家治理稳定发展的宏观层面上发挥作用。由此，需要在政府审计治理的微观操作中，联系、协调、适应国家治理的发展需求，协同开展政府审计。因此，政府审计是国家治理重要组成部分的本质论是政府审计协同公共治理导向模式构建的理论基础之一。

协同理论认为，在整个环境中，各个系统千差万别、属性不同，但它们之间又存在着相互影响、相互合作的关系，这种关系在社会现象中也适用（王贵友，1987）。某种程度上，社会协同治理的价值在于互动合作的价值。同时，协同治理是诸多治理方式的总和。社会协同正逐步成为社会公共事务管理的发展方向和主流趋势。

王会金、戚振东认为，政府审计协同治理是依靠信任等社会资本，引入国家治理主体、非政府组织、企业、社会等参与到政府审计治理中来，通过建立各政府审计治理主体的平等、合作互补关系，使审计机关、治理主体、社会等之间相互弥补劣势，发挥优势，促进政府审计治理作用发挥，达到政府审计治理效率最大化。因此，协同治理理论是政府审计协同治理导向模式构建的理论基础之一。

二、协同公共治理导向的政府审计模式理论逻辑

王会金、戚振东详细介绍了这种逻辑。协同治理导向审计模式，是指政府审计活动建立在服务国家治理目标实现基础上的审查被审计单位公共权力运行和公共资金运动的审计模式，是以政府审计服务国家治理为目标导向，协调配置和整合利用审计及其他监督治理资源，促进政府审计治理协同效应获得，从而最终促进国家治理目标实现。这一过程如图4-1所示：

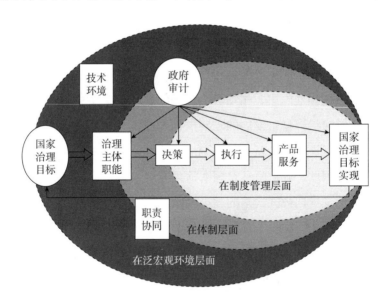

图4-1　政府审计协同治理理论逻辑

如图 4-1 所示，国家治理中为达成其战略目标，需要将国家治理目标进行分解，依次界定给国家治理主体任务，并相应赋予国家治理主体公共权力和公共资源。国家治理主体职能是基于国家治理目标完成分解的人为设计。国家治理主体运用资源经过业务管理，提供国家治理需要的产品或服务，以完成国家治理目标。

国家治理主体在履行职责，提供有助于服务国家治理目标实现的国家治理服务过程中，受制于技术、社会、自然条件等的泛宏观环境因素影响，受到国家治理结构设计、与其职责相同的治理功能划分的体制层面因素影响，以及治理主体决策、执行和产品或服务生产等的业务制度管理层面三个层面的因素影响。这三个层面的因素都是一直发展变化的，治理主体就是要在这种动态变化的环境中，围绕国家治理目标实现，履行职责，遵循法律法规等体制和泛宏观因素约束，在制度管理层面做出适应性调整，并适宜性地做出决策、执行决策，以提供国家治理产品或服务。

政府审计是国家政治制度的重要安排，是确保国家治理主体行为符合国家治理需求的体制层面因素，是体制层面国家监督体系中的一个重要环节。治理主体在履行国家治理职责过程中，受到体制因素的约束，例如，法律法规约束，以及行业主管部门、纪检监察部门、公安等司法机关、工商、税务、财政部门等履行职责的约束。由此，政府审计在履行职责过程中，应当充分考虑和协调体制层面和泛宏观环境层面因素的约束，与其他国家治理系统形成协同治理局面，以整体提升政府审计治理效应。

政府审计作为体制层面的约束力量，在对被审计治理主体权力运行和公共资源使用过程的审查，应在泛宏观环境和体制环境下，分析其决策、执行等制度建设和业务流程管理。以管理制度与体制的契合性、管理活动的适当性、公共权力和公共资金配置使用的行为是否合法合规、治理产品或服务提供的效益性及其对国家治理目标实现的影响作用和程度等方面做出审查。

由此，政府审计协同治理的审计模式理论逻辑为，政府审计完成国家治理赋予的职责，就必须在国家治理的框架下，考虑被审计单位公共权力运行和公共资金运动，在泛宏观环境、体制和制度层面发现影响被审计单位完成国家治理相应职责的因素，并充分协调与其他监督体系等体制层面因素，以寻求改善被审计单位公共权力运行和公共资金运动的可持续改进的整体协同效应。

参考文献

［1］杨迪. 对垄断性国有企业开展效益审计的探析及实证 ［J］. 审计研究，2006（2）：43-46.

［2］李春敏，桑海林. 企业审计如何发挥免疫作用促进科学发展 ［J］. 审计月刊，2009（11）：22-23.

［3］刘鹏伟. 企业审计要坚持抓大放小，强化服务意识 ［J］. 现代审计与经济，2008（3）：25-26.

［4］颜志敏. 如何搞好财政一体化审计模式下的企业审计 ［J］. 审计月刊，2009（3）：40.

［5］王彦，宋峻. 现代企业制度下国有企业审计的发展趋势 ［J］. 审计月刊，2006（11）：20.

［6］王长友. 新形势下国有企业审计的目标 ［J］. 审计研究简报，2008（1）.

［7］刘东喜，陈斌. 新形势下企业审计的转型 ［J］. 审计月刊，2011（11）：20-21.

［8］尹平，郑石桥. 国家治理与国家审计 ［M］. 北京：中国时代经济出版社，2014.

［9］王家新等. 国家审计的政治经济分析 ［M］. 上海：上海三联书

店，2013.

[10] 蒋燕辉. 公共责任及公共权力审计研究 [M]. 北京：经济管理出版社，2018.

第五章

基于国家审计的公共责任及公共权力审计研究

　　国家审计不仅服务于国家治理，更服务于公共治理已是不争事实。但基于国家审计视角，如何开展公共责任审计和公共权力审计？如何对两者审计分类？如何有效发挥两者的本质功能？如何对两者准确定位？如何构建一种科学合理的公共权力导向审计模式？上述四个问题分成本章下面的四节论述。

第一节　公共责任及公共权力审计的分类研究

一、公共责任审计的分类研究

　　公共责任审计研究可以选择不同视角。例如，分类研究、功能研究或价值研究等。但研究目的都是为了挖掘责任审计理论的本质。审计问责范围的类型化、制度化是明确审计标准、提高审计能力的重要手段。从责任审计范围的功能来看，可以将当前各国公共责任审计范围分为鉴证型、责任追究型、治理型三种类型。通过分析这些不同类型的审计问责范围，有利于对我国的审计问责范围进行合理定位。

1. 鉴证型

鉴证型的理论基础鉴证源于社会审计，它是指注册会计师对企业财务报表所提供的会计信息的可信性进行鉴证。美国会计学会在其颁布的《基本审计概念公告》中将"审计"定义为，证实审计对象关于经济活动和事项所作的认定，与其既定标准的一致程度，以及与审计报告使用者交流结果，客观地取得和评估证据的系统过程。可见，鉴证是审计的初始功能。鉴证型审计问责范围是指审计问责范围的界定目标在于鉴证审计相对人的经济责任。

关于为何需要鉴证、对什么进行鉴证、向谁提供鉴证结论，学界提出了不同的观点，其中，影响最大的当属受托责任理论。该理论认为，审计机关依法受立法机关之托对政府财政实施鉴证，审计受托中的委托人是立法机关，根据立法机关所代表的意志不同，其受托人有差异；在专制社会，立法机关代表的是独裁者的意志，所以审计机关实质上是受独裁者之托，对各级政府和官吏的经济责任进行监督。现代社会，立法机关代表着广大选民的意志，代表们对选民负责，审计机关通过对立法机关负责，从而服务于广大选民。

该观点类似于民法中的委托—代理，能充分说明社会审计的鉴证，但将它借用之国家审计，则不能完全覆盖国家审计的功能范围。例如，我国宪法要求审计监督财政收支和国有企事业组织的财务收支，如果说这也是立法机关所托，则是托付给审计机关以监督的驱动。国家审计关注政府公共受托经济责任，并不是要监督政府，而是从依法行政的高度，对职能，而不仅是鉴证。李季泽博士认为，人民作为国家的纳税人，用一只手将税费义务地交给国家，他就有权利用另一只手监督国家的用税情况，这只手就是国家审计。此外，也有些国家，审计机关是受总统、君主之托进行鉴证。

基于以上理论，鉴证的范围是委托人希望了解的事项，鉴证的效力取决于委托人的需要。随着民主进程的推进，审计鉴证的报告对象和报告内容越来越向更多的纳税人负责。因此，秦荣生教授认为，政府公共受托经济责任的公开，需要国家审计政府履行公共受托经济责任进行鉴证，服务于人民的民主监督。①

（1）鉴证型有如下法律表述：西方国家，早在古罗马和古希腊时代，就有官方审计机构，负责对掌管国家财物和赋税的官吏进行考核，其主要作用是对这些官员的经济责任履行情况进行鉴证。例如，法国在1807年成立了审计法院，至今仍对法国政府的开支进行鉴证。只不过西方国家大多实行三权分立，因而对审计鉴证的权力归属有不同的认识，多数国家认为，审计鉴证属于监督权的一部分，而立法权在三权中具有优越地位，有权监督其他权力，所以多采取立法型审计体制。例如，美国1921年设立了审计机关——审计总署，负责对政府账目进行鉴证，并向国会两院递交报告、提出审计建议。但也有些国家认为，国家审计机关的审计鉴证类似于司法权，审计鉴证由专门的审计法院实施，例如，意大利、法国、西班牙等；还有些国家认为，审计鉴证属于行政监督的一部分，因而它应隶属于行政权，实行行政型审计体制，不过由于该体制与审计鉴证的独立性要求相距甚远，目前采用这种体制的国家很少；还有个别国家认为，审计鉴证需要高度的独立，所以审计权不应隶属于任何权力，审计机关也不隶属于任何其他权力机关，例如，日本等。

（2）鉴证型有如下法律特征：

1）各国皆以法律的形式规定了审计问责范围。审计问责权是一种制度创设权，其权力来源的现实表现形式为与审计有关的法律法规。各国从

---

① 秦荣生. 国家审计职责的界定：责任关系的分析 [J]. 审计与经济研究，2011 (2).

宪法到基本法、审计法，再到审计准则，对审计问责范围作出了一系列规范。

2）审计问责范围体现着明显的国家意志性。鉴证型审计问责范围是通过对公共资金的鉴证，向立法机关报告政府管理和使用公共资源、履行经济责任的情况，从而执行国家意志。公共主体必须配合进行审计鉴证，否则就可能承担不利的法律后果。例如，美国 1980 年《审计总署法案》第 102 节规定了审计机关接近记录的强制性要求。

3）审计问责范围的核心是政府的经济责任。从各国的审计鉴证范围来看，无论是公共部门、公共账户，还是预算的执行和非预算资金的管理等，其核心是公共资金，审计鉴证的内容是对这些公共资金运行的合规、绩效进行评估，从而对政府履行经济责任的情况作出评价。

4）鉴证型范围突显审计问责的全面性。鉴证型审计问责具有一定的行政性和管理性，鉴证的启动与审计相对人是否违法无直接关系，也并不必然追究审计相对人的违法责任，从而实现了审计问责范围对审计职责的全覆盖。

2. 责任追究型

（1）责任追究型有如下的理论依据。关注责任是国家审计本质的客观要求，也是国家审计发展的必然趋势。[①] 审计问责范围关系到政府经济责任的范围，如果界定不清，容易助长问责中的越位或缺位，甚至影响经济体制改革的深入。责任追究型审计问责范围是指审计问责范围的界定是为了查出问题、追究责任。科学界定责任追究型审计问责范围既可以有效制约行政财权，防止行政权的无限扩大，又可以为审计机关追究责任提供行为规则，规范审计追责行为，还可以提醒预算资金的管理和使用人规范行政财权行为，改善行政管理。

但审计机关应当追究什么性质的责任？一是政府责任，二是经济责任，三是违法责任，即审计机关应当追究政府及其各预算单位的经济违法

---

① 李金华. 关注责任完善治理　促进民主与法制 [J]. 中央财经大学学报，2005（1）.

责任。其理论依据是权力制约理论，主要表现为会计监督论和人民主权论。会计监督论认为，审计的目的是监督会计，作为监督的手段之责任追究是审计问责的主要手段；这种现象在国家审计建立之初广泛存在。早期美国审计机关的工作主要是从事个案的发票审计，确认政府经费的合法性与形式性；后来，尽管美国民主政治有了很大发展，但并不影响其财务监督的功能。

随着经济的发展、社会的需要，以责任追究来界定审计问责范围渐行渐远，进而就产生了扩展型的审计监督论——人民主权论，该观点认为，国家审计是民主法治的产物，人民通过立法机关将行政财权授予行政机关，同时将经济监督权授予审计机关，希望通过审计监督来追究财经违法行为人的责任，以维护人民自身的权利。

（2）责任追究型追究范围的特点。在分析其特点时，仍然有其共性规律。

1）各国对审计机关实施责任追究的规定不同。从责任追究的方式来看，立法型审计体制的国家，审计机关实施责任追究的方式较少，例如，美国审计机关，即使在审计过程中遇到了需要追究责任的情形，也是通过申请、报告等方式，由其他追责主体实施追责。而采用司法型审计体制的意大利、独立型审计体制的日本，它们的审计机关具有较多的问责方式，包括直接处罚、作出判决、实施通告等。

2）总体上审计机关直接实施责任追究的范围较窄。美国审计机关基本上没有直接实施责任追究的事由，而其他国家的责任追究事由也局限于公共资金及与此有关的直接责任人，例如，日本审计院只能处理财务交易的官员。从总体上来看，从立法型、司法型到独立型审计体制，审计问责范围经历着从无到有、从较小范围到逐步拓宽的过程。

3）担责主体在主观方面必须存在过错。担责主体的过错或表现为故意，例如，故意实施财政违法行为；或表现为过失，对过失行为进行追责要求有公共资金受损的后果；目的是为了维护国家财产、公共资源的安全，遏制行政财权运行中的腐败行为、维护国家的财经秩序。

3. 治理型

治理型有以下理论依据。治理型审计问责范围的直接理论依据是国家治理理论。在人类历史上，先后产生过"人治""神治"和"法治"模式，"人治"模式是世界上最早出现的治国方式，古代国家普遍采用此种方式。直到现代，该治国模式仍有很大影响。"神治"是"人治"的延伸，只不过这里的人是一个虚无的"神"。只有"法治"才能与"人治"形成并列的治理模式，不过"法治"中的"法"不仅指法律法规，还包括其他制度安排。现代国家治理是指国家通过一系列制度安排和运行，克服政府和市场各自的有限性，有效分配社会资源，实现国富民强和国家的长治久安。由于其治理手段是制定和完善制度，所以国家治理的本质是法治。

国家治理的突出特点是治理主体多元、治理手段灵活。在治理主体上包括政府、市场和社会，治理手段有信息引导、市场调节、组织工具和法律强制。现代公共审计通过开展不同类型的审计、实施不同的问责行为，影响着这些治理工具，使公共资源的配置、公共权力的运行有助于实现治理目标。① 以抽象行政行为的完善为例，审计机关通过审计公告，给规范性文件的制定主体提供信息引导；通过审计查出行政执法中存在的问题，发现抽象行政行为中不适应现实需要的地方，为规则制定主体展示规则中的不足；通过对规则修改提出审计建议，促使规则制定主体采取完善措施。可见，治理型审计问责范围不限于审计鉴证、责任追究，还包括对公共资金运行进行规制。

治理型有如下特征：2010 年 11 月 27 日，第二十届世界审计组织大会通过了《世界审计组织 2011—2016 年战略规划》，要求最高审计机关提升公共部门绩效，加强良好治理，促进行政公开透明和问责等方面发挥重要作用。当然，治理型审计问责范围具有自身特点：

（1）多元性。有效的问责机制是实现国家良治的重要保障，对国家的

---

① 雷俊生，马志娟. 国家治理视角下的审计问责 [J]. 会计之友，2012 (5).

有效治理离不开各国中所有主体的多方参与和良性互动。而审计问责中也涉及公共资金的管理、使用主体、权力型追责主体、权利型追责主体，如何才能通过有效的制度安排，为这些主体的互动合作搭建有效的平台，首先需要合理界定治理型审计问责的主体范围。例如，美国的审计问责主体不仅包括国会、总统，还包括全体选民等。

（2）整合性。任何追责主体均有自身的问责范围和问责方式，并且需要其他相关主体的配合才能取得良好的问责效果。而相关主体配合的前提是各自有明确的问责范围，清晰的权力、责任关系，然后通过审计问责的鉴证功能，实现权力型追责主体和权利型追责主体之间的信息沟通，使它们在各自的范围内有效运行，只有形成点、线、面动态结合的问责体系，才能整合这些追责主体的资源，实现治理目标。

（3）提供多种治理方式。与鉴证型、责任追究型审计问责范围相比，在治理型审计问责范围中暗含了审计评估、审计报告、审计建议、审计通告、提供咨询和通知等多种方式，为审计机关完善抽象行政行为、参与经济治理和政治治理提供了有效工具。

通过比较鉴证型、责任追究型和治理型三种类型，可以看出，治理型责任审计的范围最广，它既有鉴证型审计问责范围的广度，又不局限于鉴证的依赖性：对公共资金、鉴证委托主体存在较高的依赖性；在界定审计问责范围时，它不受责任追究型追责方式、主观要求等方面的制约，所以其外延广于责任追究型审计问责范围。

二、公共权力审计的分类研究

公共权力审计可以分成三类：经济权力审计、法律权力审计及社会权力审计。因公共审计大多发生在经济领域，所以，下面重点介绍经济权力审计。

1. 经济权力审计的研究现状

经济权力的含义，目前存在以下几种研究成果：

国外目前还没有经济权力这一说法，国内研究学者从不同的视角给出了其独特的观点。

张志军（1999）认为，"宏观领域的经济权力就是生产方式和交换方式的权力和社会经济体制的权力。任何社会的经济权力只有在实现经济民主的前提下，经济权力方可受到制衡，经济民主无非是经济权力的社会化、民主化而已。"[1]

宋惠昌（2002）从企业的角度解读经济权力的含义。他认为，"经济权力是现代企业制度的产物，也就是说，作为一种社会的权力类型，它是随着现代企业的发展和成熟而出现的。但是，又必须认识，经济权力不是任何社会时代中任何企业制度的产物，而是法治社会中现代企业制度的产物。这就意味着，经济权力作为一种权力类型，是现在企业本身所具有的法定权力。所以，经济权力是现代社会中企业法人的权力，这就是经济权力的实质。"[2]

林勇毅（2003）也从企业的角度对经济权力进行了分析，着重考虑企业的影响。他认为，"经济权力是指各类经济利益集团通过经济手段如广告、赞助等形式对大众传播媒介进行渗透、监控和影响，利用大众传媒的信息收集、处理、发布能力为本集团的利益服务。"[3]

李胤（2002）从主体的角度分析经济权力的含义。他认为，"经济权力是指经济主体通过对经济资源的控制而达到对他人的统治和支配的能力。也就是说，经营管理权、资产支配权、人事任免权等这些权力形式本身还不是经济权力，只有当对它们的控制达到了对他人的统治、支配的程度时，才会产生权力关系。"[4]

单飞跃（2002）从国家的角度对经济权力进行分析，他认为，"经济

① 张志军. 论实现经济民主的几个问题 [J]. 陕西经贸大学学报，1999（2）.

② 宋惠昌. 论现代社会中的经济权 [J]. 上海行政大学学报，2002（2）.

③ 林勇毅. 试论市场环境下经济权力对大众传媒价值趋向的监控和影响 [J]. 现代传播，2003（6）.

④ 李胤. 经济权力与"寻租"现象 [J]. 石油政工研究，2002（2）.

权力是一个与社会进化、经济发展相伴的范畴，是本质意义上的国家权力的重要组成部分，其由国家所担负的经济组织职能演变而来。经济权力具有一般国家权力所共有的基本属性，例如，强制性、地域性等，但又因与国家政治组织职能的本质差异，在其结构、特征与方式等方面，存在自身的规律与特征。"①

王沪宁（2004）从经济学、社会学和政治学的角度全方位分析经济权力的含义。他认为，"经济权力是在生产、交换、分配和消费过程中，以所有权为基础，通过经营管理权、产品和财产分配权等多种权力形式表现出来的控制、支配乃至统治他人的权力。在阶级统治社会里，经济权力就是阶级权力，就是一个阶级对其他阶级在经济领域中的阶级统治和阶级压迫。从经济学的意义上来说，经济权力是由经济组织行使的权力，例如，利润分配的权力、决定投资和指导生产的权力、制定价格和决定工资的权力、招募和解聘职工的权力、处置资源和分割财产的权力，等等。从社会学的意义上来说，经济权力是指某个人、某个组织或社会集团，例如，经理、企业主、董事会、政党、大公司等通过对经济资源的占有和控制，从而达到对他人实行支配并对社会管理和社会意识形态施加重大影响的权力。从政治学的意义上来说，经济权力就是建立在财富基础上的体现特定阶层利益的并对政治决策、政治目标、政治资源分配和政治体制构建发挥决定性影响的权力。"②

董延安（2007）从客体的角度对经济权力的含义进行分析。他指出，"经济权力是指对物质财富的占有权、支配权和管理权等。应从社会契约角度来认识经济权力的内涵，以做到经济权力的法治化，经济权力的运用在现实中表现为职权，行使经济权力的目的是为了维护权力所有者的经济利益。"③

---

① 单飞跃. 经济法理念与范畴的解析 [M]. 北京：中国检察出版社，2002：248.

② 王沪宁. 政治的逻辑——马克思主义政治学原理 [M]. 上海：上海人民出版社，2004：49.

③ 董延安. 经济权力审计控制效果研究 [D]. 西南财经大学硕士学位论文，2007.

张屹山和于维生（2009）认为，"经济权力指经济主体凭借所掌握的资源而形成的对其他经济主体的影响力和控制力"[1]。

蔡春和李江涛（2009）认为，所谓经济权力，是指"对物质财富的占有权、支配权和管理权等，其运用在现实中表现为职权，行使经济权力的目的是为了维护权力所有者的经济利益"[2]。

苗连琦认为，一言以蔽之，经济权力就是基于经济资源而产生的控制行为。

2. 经济权力的分类研究

目前存在以下几种研究成果：

丛红奇和徐彦（1999）认为，"经济权力可分为基础权力和衍生权，基础权力是指财产所有权，主要有物权、债权、股权、无形资产所有权。衍生权主要包括企业法定财产权、经营权、商品交易权、租赁权、转让权、剩余索取权、消费权等。这种观点认为，在这种领域的经济权力具有自主性、趋利性、交易性、平等性、竞争性、风险性等特征，并且对经济权力应划界在微观经济领域，不可让其染指宏观经济领域、国家行政机关。"[3]

单飞跃（2002）认为，"国家经济权力就其结构进行分析，从内在的权力构成而言，其由经济强制权、经济引导权、经济协调权、经济投入权、经济监督权等权力组成。从权力的国家控制程度而言，可分为必控权与可控权两大范畴，属于必控范畴的权力有货币发行权、税收征管权、财政预算权、财政决算权、外贸管制权；属于可控范畴的权力有计划调节权、税收调节权、价格调节权、信贷调节权、工资调节权、强制征收权、直接投资权、直接经营权。从权力的运行状态而言，可分为权力机关的经济权力、行政机关的经济权力、司法机关的经济权力。就其特性进行分

---

① 张屹山，于维生. 经济权力结构与生产要素最优配置 [J]. 经济研究，2009 (6).

② 蔡春，李江涛. 经济权力审计监控研究——审计理论研究的一个新领域 [J]. 审计与经济研究，2009 (9).

③ 丛红奇，徐彦. 刍议权力经济与经济权力 [J]. 辽宁行政学院学报，1999 (6).

析，其具有效力的强制性、调节的灵活性、覆盖作用的充分性和全面性等特征。"①

朱启才（2004）认为，"政府的经济权力表现在两个方面：一是间接权力，主要体现为政府作为人民意志的代表，对经济进行宏观的监督和服务，例如，宏观计划、产业政策、市场监察、公共品的供给以及经济政策的实施和信息服务。二是直接权力，表现为政府直接控制国有资产，建立国有经济、主导甚至垄断某类产品的生产以及直接进行某些市场定价和确定社会的报酬结构。"②

对于经济权力的含义，国内学者众说纷纭，但是在一点上是明确的，那就是经济权力是和政治权力有本质区别的一种权力，它体现在对经济资源的占有、使用和支配。对于经济权力的分类，其分类视角相异，所分成种类也迥异，难以从一个角度给出较统一的分法。这是因为虽然理论界或学术界已经能够给经济权力一个比较明确的界定，但是具体而言，在现实经济生活中哪些属于经济权力至今没得到一致认可，其实，就是政府经济权力的边界没有得到有效、合理、科学的界定。政府经济权力边界得不到有效、科学、合理的界定，其他组织的经济权力也难以确定。

在此，本书综合上述各种观点，借助于杨体仁（1997）在现代市场经济的社会中，因其主体、性质、职能而划分成的盈利组织的权力、政府的权力、非盈利组织的权力等三种权力的分法，把经济权力分成公营盈利组织（企业）的经济权力、政府及其机构的经济权力和公营非盈利组织的经济权力三大类经济权力，再在每一大类中进一步细化。例如，公营盈利组织的经济权力包括财务管理权、内部控制权、国有企业经营决策权、政策执行权等；政府及其机构的经济权力包括政策执行权、财政收支管理权、预算执行管理权、基建招标权、经济政策制定权、国有资产经营管理权和政府及其部门其他公共经济权力等；公营非盈利组织（例如，高等学校）

---

① 单飞跃. 经济法理念与范畴的解析 [M]. 北京：中国检察出版社，2002：249.

② 朱启才. 权力、制度与经济增长 [M]. 北京：经济科学出版社，2004：198.

的经济权力包括重大经济决策权、政策执行权、财政财务管理权和预算执行管理权等。

沿着这种对经济权力的分类方法的逻辑进一步分析，本书提出公共经济权力的外延和内涵，即公共经济权力包括政府及其机构的经济权力、公营盈利组织的经济权力以及由国家财政资助的公营非盈利组织的经济权力。就含义来说，公共经济权力是指在公共受托经济责任关系中，受托人为了经管受托经济资源并报告经营状况而由委托人授予的对经济资源的控制力。

3. 公共经济权力审计监控

公共经济权力审计监控是指利用审计权以及审计手段对公共经济权力的行使者所进行的监督和控制，以防止经济权力运行中的异化，遏制腐败的发生，保证和促进受托经济责任得到全面有效的履行。可以看出，这个监控实际上包括两部分内容，一部分是监督，另一部分是控制。而监督和控制是不同的两个术语，监督即"从旁察看，发现问题"；控制则是与系统联系在一起的，是指"通过对系统的输入和输出信息的不断监测跟踪、反馈和调节"。不难理解，控制的过程包括监督，但是，它侧重于对整个系统运行的整个过程监测、反馈和调节各个环节的掌握，使其始终处于正确的轨道上，是从整体性和全面性的角度来界定的；而监督则着重于对过程的监测，其仅仅关注整个控制坏节体系中的一环。但是，监督是控制的条件和前提，在整个控制环节体系中处于基础性作用。"没有监督，即没有对信息的跟踪与监督，反馈也就失去了内容，调节也就失去了基础与依据，控制终究难以奏效。"① 因此，虽然监督包含于控制，但是，又有其独立存在的客观依据。本书坚持经济权力审计监控这一命题，旨在表明审计可以在对公共经济权力进行监督的基础上直接加以控制。董延安（2007）和李江涛（2009）在其博士论文中重点论述了公共经济权力审计监控的实证效果，在理论上没有过多阐述，本书主要侧重于从理论的角度深化公共

① 蔡春. 审计理论结构研究 [M]. 大连：东北财经大学出版社，2003：30.

经济权力审计监控。

第二节 公共责任及公共权力审计的功能研究

下面分别对公共责任审计的功能、公共权力审计的功能进行研究。

一、公共责任审计的功能研究

1. 公共责任审计的最主要功能是服务公众

法治社会，子民变公民。公民不再是行政的客体，而是位于行政法制度中心的主体。社会契约论认为，政府是由人们通过契约，让渡出自己一部分权利而形成的，同时也通过契约来规范政府运行，因此，公众是追责的当然主体。从某种角度来看，公众参与问责是各类问责的源头。契约论在政府审计界演变为委托—代理理论，该理论认为，人们委托政府管理公共资源，但由于公众与政府之间存在信息不对称，人们又要委托一个专门的组织，对行政财权进行鉴证，并对行政财权运行过程中的问题进行问责，这就产生了审计机关。从这里也可以看出，公众是追责的本源主体。

人民主权理论、新公共管理理论，为我国公民问责提供了理论基础，人民政府为公民参与问责提供了直接支撑。《宪法》第四十一条规定："公民对任何国家机关和国家工作人员，有提出批评和建议的权利；对于任何国家机关和国家工作人员的违法失职行为，有提出申诉、控告或检举的权利。"可见，我国公民皆有问责的权利，问责手段是申诉、控告或检举。公众参与审计问责，不仅打破了传统的追责主体的局限，而且有助于将先进的、活跃的社会成员引入到问责过程中来，从而实现审计问责的社会化，彰显审计问责的服务性。不过公民实施追责有一个参与的过程，目前已经有一些问责法规肯定了公民有权追究行政过错责任，例如，《四川省行政机关工作人员行政过错责任追究试行办法》等。

2. 公共责任审计质量的检测标准为"人民利益观"

对公共责任审计质量的检测标准，目前我国主要存在两种标准，即人民利益观和财政资金观。这两种标准都试图从某一特定的维度，找出一条明确的界限来划定责任审计的范围。前者关注的是公共利益，试图跳出财政资金观的局限。后者依赖于宪法和审计法规的直接规定，着眼于责任审计标准的可操作性。

（1）人民利益观。一些人认为，国家审计源于国家治理的需要，而国家治理的目标是为了增进社会福利，保护人民利益，所以人民利益应成为界定审计问责范围的唯一标准。这种观点有利于增强审计人员的责任意识，扩大审计问责的范围；同时由于人民利益的灵活性，有利于审计及时调整问责范围，增强审计问责的控制力。这里的"人民利益"与"公共利益"意思相近，"公共利益"在我国《宪法》《物权法》中有所提及，但对"公共利益"的内涵和外延，没能形成一致意见，法律中也未规定。为了防止公权假借"公益"之名侵犯私人合法权益，世界各国采用了不同的做法，形成了不同的公共利益具体化规则，例如，英国、美国、法国等从目的性方面对公共利益进行界定，而大多数国家则采用列举式或列举加概括式界定公共利益。我国《国有土地上房屋征收与补偿条例》第八条则通过列举加兜底的方式界定公共利益。

从现实层面来看，人民利益范围观存在明显不足：一是范围模糊。从构词上来看，"人民利益"由"人民"和"利益"构成，可这两个词的含义皆不明确。"人民"属于政治范畴，与"敌人"相对，因立场上的偏见而"不可靠"；"人民"由哪些人构成，它有何质和量的规定性，在不同的阶段、不同的审计个案里不可避免地受到各种因素的影响，譬如对公平与效率的倾重程度、审计人员解读规章的个人视域等都会导致不同程度的差异；至于"利益"则更复杂，哲学、经济学、法学等许多学科对其展开过研究，至今仍仁者见仁、智者见智，未能达成一致意见。可见，以模糊的人民利益作为范围的界定标准，必然导致审计问责范围的混淆不清。二是缺乏可操作性。因为人民利益的内涵和外延比较模糊，它既暗含了个人利益的融合，也代表了现实利益与未来利益结合，容易出现将与人民利益不相关或关系不大的事项纳入问责范围，导致审计问责范围泛化与空化，使审计相对人无所适从，也为审计问责中的"伪公益""权力寻租"提供了土壤①。三是与有关法律不符。我国《宪法》两处提到了"公共利益"，但并没提到"人民利益"，而且"公共利益"的相关法条与《宪法》设立审计机关的目的也无关；我国《审计法》全文未提及"人民利益"和"利益"，可见人民利益标准缺乏法律的直接支持。四是妨害审计问责能力的提高。由于人民利益的外延过于宽泛和灵活，如果将事关"人民利益"的事项皆纳入审计问责，审计机关可能难负其重；在审计问责威慑不足的今天，缺乏法律支撑的"人民利益标准"容易招致其他主体异议，不利于各问责范围之间的协调和审计问责能力的提高。

（2）财政资金观。另一些人则认为，作为制度设计的审计问责，其范围的确定依赖于法律法规的规定或授权。我国《宪法》第九十一条、第一百零九条及《审计法》的有关规定，均规定审计问责的主要内容是政府及其各部门的财政收支、国有企事业组织的财务收支，其内部主线是财政资金的收支及相关的运行。但该观点也存在一些不足：一是混淆了财政资金与财政性资金的区别。财政资金是指一定期间内各级政府为了实现特定的公共目标，直接分配和使用的货币资金。而财政性资金是指具有"公共性质"、能满足社会公共需要的资金，它不仅包括财政资金，还应包括与公共事业有关的预算外资金和因政府性债务而来的资金。财政资金着眼于政府管理视角，财政性资金着眼于公共治理视角。从我国《审计法》及审计实践来看，审计问责的对象不仅包括财政收支，还包括国有企事业组织的财务收支，不仅包括政府的财政收入，还包括政府借贷而来的资金等，所

---

① 刘国缘. 论我国土地征收公共利益目的之边界 ［J］. 中国行政管理，2010（9）.

以从某种程度上来讲，"财政性资金"的运行范围更符合中国审计问责实践中的范围。二是纯粹的财政资金范围观容易导致大量的财政性行为"逃离"审计监督。财政资金观强调审计问责过程中关注财政资金，忽视政府性债务；关注财政性资金本身，忽视财政性资金运行中的体制和机制问题；关注财政性资金运行的结果，忽视对其运行过程的问责。财政性资金中非由政府直接借入的资金，例如，政府所属机构及国有企事业单位为公共需要而借入的资金，因不属于财政资金，从而被排除在审计问责范围之外。其直接后果是缩小了审计问责的范围，削弱了审计问责的能力。三是不能解决审计问责中全面问责与重点问责的关系。财政性资金的运行范围非常广，牵涉国家治理的方方面面，但由于审计力量和审计体制的局限，目前的国家审计无法完成对所有财政性资金的活动进行问责。因此，必须研究影响国家治理关键环节所使用的财政资金，例如，直接反映国家治理蓝图的预算、制约治理者权力的经济责任等，应加强对这些环节所使用的公共资金的责任审计，以实现审计问责资源的治理效用最大化。

3. 公共责任审计的本质内容是政府对公共资源使用的责任

无论是发展经济、加强国防，还是公共安全、实现社会公平，都直接体现为财政性资金的运行；而且财政性资金因其具有客观性和可操作性，容易成为审计问责范围界定的客观指针。从美国、意大利、日本等国的审计法规来看，形式上审计问责的直接对象是财政性资金的使用者，但审计问责的本质内容是政府对公共资源使用的责任。例如，日本《审计院法》第二十条将审计院的问责范围界定在国家收支决算和法律规定的其他账务，为审计机关与其他主体的问责划出了界线，确定了审计问责的法定空间。可见，财政性资金运行借助其使用的实际数量与已有的财政经济法规获得了可锁定、可查据、可量化的"客观指标"。同时，财政性资金并不是一个静态的形式，它更体现为国家运用财政性资金实行治理的过程，所以从某种程度上来讲，责任审计则是通过对财政性资金的运行过程执行审计监督，更是一种公益维护与责任排序的监督过程。

4. 公共利益最大化是责任审计范围界定的主观维度

国家治理是通过配置和运行国家权力（利），对社会多元利益进行综合调控，以实现公共利益的最大化。而公共利益作为对客观性财政资金使用成效的主观表达，明显具有主观倾向性。能否对公共利益的主观性顺利解码，在相当大程度上取决于大众的主体需求、决策者的价值标准、一国的国内外环境及所要解决的问题、利益群体的范围。它既是实体的民生福利，又是抽象的正义、秩序、公平等，诚如安德生所言："公共利益是多种多样的，甚至是易变无常、难以捉摸"①。从国家审计的角度来看，国家治理应实现财政性资金的公共利益最大化。公共利益的内容与受益群体具有明显的不确定性，其在不同的阶层、不同的阶段分别有不同的表现和追求，并通过不同的方式表达出来；国家治理则通过对这些利益的整合，以实现公众利益的最大化。从资金的角度来看，表现为财政性资金的运行过程；审计问责则通过对财政性资金运行的监督判断公共利益的实现程度。由于公共利益的受判断主体和判断视角的不同影响，呈现浓厚的主观色彩，故公共利益构成审计问责的主观维度。

二、我国公共责任审计的功能定位

1. 以鉴证型审计问责范围为基础

审计鉴证是现行审计的基本功能，正如前审计长李金华所说，"国家审计关注责任……让阳光和社会为问责导航"②。《审计法》第四条规定，"……审计工作报告应当重点报告预算执行情况。"说明国家审计的首要目标是鉴证预算的执行情况，审计问责范围以预算执行为核心。此外，在修订《审计法》时，新增了一条，要求审计机关对被审计单位的主要负责人，履行经济责任的情况进行监督。《党政主要领导干部和国有企业领

---

① James E. Anderson. Public Policymaking An IrUrodu［M］. ticm. Houghton Mifilin, 1994：136.
② 李金华. 审计是国家治理的工具［J］. 今日中国论坛, 2005（1）.

导人员经济责任审计规定》第三十九条规定："有关部门和单位应当根据干部管理监督的相关要求运用经济责任审计结果，将其作为考核、任免、奖惩被审计领导干部的重要依据。"可见，审计鉴证的范围已从对财的鉴证向对人的鉴证扩展，这是对中国审计"吏治"功能的回归。

2. 以追责型审计问责范围为重点

《审计法》第一条规定了审计的功能目标，该条前半句——"维护财政经济秩序，促进廉政建设"，说明审计问责范围的基础是财政资金，通过对其运行的真实、合法和绩效进行评价、揭露财政运行中的问题，追究财经违法行为人的责任，维护财政经济秩序，促进廉政建设。根据调查，1982 年修宪时，设立审计机关的目的之一就是查处财经违法行为，强化政府监管，实施责任追究是审计问责范围的重点领域。然而，随着经济体制改革的不断推进，经济违法行为呈现多样化、隐蔽化的特征，责任追究并没有退出审计问责的范围，这点从 2003 年以来的多次"审计风暴"即能得到印证。

3. 正向治理型审计问责范围迈进

政府预算不仅是个"经济问题"，更是个宪政（宪法）问题。作为预算的专门监督部门，国家审计随着宪政运动的发展而变化。国家审计作为一项制度安排，正以独立的精神和专业的水准参与国家治理，发挥其预防和建设性作用，制约行政财权，提高财政使用效益，完善政府治理，推进民主法治。《审计法》修订时，第一条增加了"提高财政资金使用效益"，并且将"保障国民经济健康发展"修改为"保障国民经济和社会健康发展"。这两点变化反映审计问责范围从促进依法理财向促进高效理财转变，从经济领域向社会领域拓展。

三、公共权力审计的功能研究

国内外研究权力的学者从不同的角度给权力进行了如下界定：

例如，德国著名社会学家马克斯·韦伯（1988）认为，"权力是把一个人的意志强加在其他人的行为之上的能力。""我们所理解的权力，就是一个或若干人在社会活动中即使遇到参与该活动的其他人的抵制，仍能有机会实现他们自己的意愿。""权力是不管人们是否反对强制人们服从的能力，而权威则意味着人们在接受命令时是出于自愿的。"①

伯特兰·罗素（1991）认为，"处在社会交往中的人，权力欲是人们的重要欲望，是社会发展变化的重要动力。""权力是社会科学的概念。""人对权力的追求是无度的，永远不会满足的。""当适度的享受有了保障时，个人与社会所追求的是权力而不是财富，他们可以把追求财富作为追求权力的手段，他们也可以放弃财富的增加来确保权力的发展。"② 斯蒂芬·罗宾斯（1997）认为，"权力是一个人用以影响另一个人的能力，这种情况使另一个人做在其他情况下不可能做的事情。""也许关于权力最重要的一条在于它是依赖的函数。""如果你掌握的资源是重要的、稀缺的和不可替代的，那么人们对你的依赖将会增加。"③

美国的丹尼斯·朗（2001）认为，"权力是某些人对他人产生预期效果的能力""是有意和有效的影响""是社会关系或社会互动的一种形式。""每个人都在谋求对他人的控制权，即力图获得对他人行动和态度产生预期效果的能力。""稳定的'控制权'系统在广义上是'行动权'的先决条件"，一般情况下，"人们所获得的是'行动权'，而不是对他人的'控制权'。"④

文晓明等（2004）认为，"为协调人们之间的利益关系，按照某种原则分配利益，维护社会秩序，社会就需要某种强制性的监控力量，以约束

---

① 马克斯·韦伯. 论经济与社会中的法律 [M]. 北京：中国大百科全书出版社，1988：323.

② 伯特兰·罗素. 权力论 [M]. 吴友三译. 北京：商务印书馆，1991：3.

③ 斯蒂芬·罗宾斯. 组织行为学 [M]. 孙建敏，李原等译. 北京：中国人民大学出版社，1997：355-359.

④ 丹尼斯·朗. 权力论 [M]. 陆震纶，郑明哲译. 北京：中国社会科学出版社，2001：265-266.

人们遵从其所处时代的基本利益关系，服从利益分配，而这种力量就是权力。①" 严格来说，这种权力的定义是从政治角度来阐释的。

董延安（2008）认为，"权力是人类社会中组织或者个人凭借某些特定的优势对于他人、其他组织或某些事物所具有的一种特殊的控制力。"②

王海明（2010）认为，"权力是管理者所拥有的具有合法性和强制性的影响，是管理者所拥有的具有合法性和强制性的使人服从的力量，是仅为管理者拥有且被社会承认的使被管理者服从的具有强制性的力量，是管理者拥有的迫使被管理者必须且应该服从的力量。"③

从以上不同的学者对权力的解读来看，权力是一种力量。笔者认为，至少可以从以下三个方面来理解：

第一，从根源上来讲，权力的终极属性是人民性，即人民不是权力的压迫阶级，而是权力的服务对象，这实际上就是人民主权论的本质要义。

第二，权力的关系人是多方的，单纯一方的存在并不能构成权力的存在要件。即权力这种力量本身作用与被作用的发生至少必须限定在两方关系人之间，权力必须存在相关关系人之间的相互依赖关系中。

第三，不管权力如何体现，其背后必然隐藏着物质财富或经济资源，并以其作为权力运行或行使的坚强后盾。

此外，经济权力的学说如下：

迈克尔·曼认为，"权力有四个来源，基于权力的来源可以区分出四种权力：意识形态权力、经济权力、军事权力和政治权力。"④ 他接着阐述了四种权力的内涵和外延，其中，经济权力则体现在"人们控制生产、分配、交换和消费过程中，那些能够垄断生产、分配、交换和消费之人，即统治阶级，就能在社会中得到全面的集体性权力和个体性权力"。首先，

---

① 文晓明，王立新. 社会主义民主政治运行机制研究 [M]. 北京：人民出版社，2004：84.
② 董延安. 经济权力审计控制效果研究 [D]. 西南财经大学博士学位论文，2007：20.
③ 王海明. 权力概念辨难 [J]. 西南民族大学学报，2010（5）.
④ [英]迈克尔·曼. 社会权力的来源（第一卷）[M]. 刘北成，李少军译. 上海：上海人民出版社，2002.

这种观点实际上是对人类权力来源从哲学上划分为物质方面的权力和意识形态方面的权力，即基于世界本原而产生的权力种类；其次，又在权力的物质属性的基础上，根据权力的作用方式和功能等方面，进一步将物质权力细化成经济权力、军事权力和政治权力。

对于经济权力内涵最权威的诠释认为，经济权力是指：对物质财富的占有权、支配权和管理权等，经济权力的运用在现实中表现为职权行使经济权力的目的是为了维护权力所有者的经济利益。本书认可并借助于这种观点，展开以下各章节的讨论。但是，笔者认为经济权力的内涵至少包括以下五个内容：

第一，经济权力的行使主体必须是受托经济责任关系的受托人；

第二，经济权力的根本目标是通过履行受托经济责任有效地实现委托人的意志和目标；

第三，经济权力的行使主要是利用对经济资源的占有权、支配权和管理权来进行的；

第四，经济权力的客体包括所有的居民及其所组成的各种社会组织和集团，囊括领土范围内的整个社会；

第五，经济权力在性质上是一种与经济责任紧密相连的权力。

第三节　公共责任及公共权力审计的属性分析

下面分别对公共责任审计的属性、公共权力审计的属性进行研究。

一、公共责任审计的属性研究

1. 公共性

公共性是指公共审计的一切活动必须能体现出公众的意志，能够促进公共支出符合公众的共同利益。公共审计的公共性取决于公共财政预算本身的公共属性。公共预算是向公众提供一个强有力的可靠性的工具，伴随民主与法治的不断深入，公共性的价值越来越呈现出多元性，表现在公共预算已不仅局限于效率与效益，而更多地考虑其民主内涵与公共要求。

完善的公共审计是一个包含了公众与立法机关介入事前审计项目、事中审计过程和事后审计报告与问责的系统工程。通过这一过程，使绩效审计一开始就能及时了解公众意愿并把公共政策制定纳入民主的公共选择过程，这样做不仅有助于实现更加有效的公共资源合理配置，而且通过广泛的民主监督实现公众与立法机关对公共支出活动的全程预算监督。绩效审计的公共性可以进一步细化为审计目的的公共性、审计活动的公共性、审计监督运行机制的公共性，从操作层面上来讲，具有决定作用的是运行机制的公共性，这是公共审计制度建设中应当特别予以关注的方面。

2. 公开性

"书之于表，表示于民"乃财政预算的要义所在。同样，公开性也是公共审计之要义。随着社会主义民主政治和公共财政制度的完善，社会各方面对公共支出状况、投向、结构及其效果等更加关注，这就要求公共审计的公开、透明，包括公共审计信息披露的具体化、及时化和全面化。只有这样公众才可获得据以评价政府施政活动的预算信息，将会增强公众参政议政和监督政府的热忱，使政府与公众的关系回归为本来的委托代理关系，从而有助于强化政府的公共受托责任，降低政府的代理成本，避免行政权力的滥用。所以，不仅要主动公开审计信息和相关政策制度，积极创造条件让公众能够了解审计、参与审计、监督审计，还要听取和接受公众的意见与建议。为此，在绩效审计制度建设中应以既开放透明又科学合理的程序设计，接纳、汇集社会各方面和公众对于公共支出全方位、多角度的监督要求，把绩效审计全过程及其结果及时通过审计公告和审计报告制度进行全面的披露，最终通过公开化的绩效审计，加强对政府财政预算管理的法律监督和社会的民主监督，促进政府改善预算管理，用好人民赋予的财权。

3. 法治性

法治性是公共财政预算的本质特征，也是对绩效审计的根本要求。作为对公共支出进行有效控制手段的绩效审计，其法治性表现在：一方面，公共审计是对政府在公共支出管理过程中的权力进行的规范和制约，本身就体现法治的内涵和意义，而这种规范和制约如果与代议机构行使对政府及其财政行为的监督权相结合，其法治意义就更为突出，更能强化预算对政府行为的约束作用。这就是说，公共审计的法治性应与代议机构的预算控制上的法治性相结合，并通过代议机构职能的发挥显现出来。因为代议机构对政府的控制与约束是决定性的。"在人类社会宪政制度的发展历史过程中，对政府预算法案的审议及控制权，曾经是代议机关所取得的第一项最为重要的权力。正是凭借于这项权力，民选的代议机关才逐渐取得了对于政府的整个控制与支配地位，公共财政才得以成为名副其实的民主财政，政府才得以成为名副其实的责任制政府"。另一方面，法治性说明绩效审计作为一种监督权力的运用，要符合法律规范，有明确的法律授权；公共审计工作、依据和标准要符合法律要求，在合法的界限下运行。

4. 独立性

众所周知，审计机关必须独立于受审单位并不受外来影响才能客观而有效地完成其工作任务。尽管审计机关作为国家机构的一部分，它不可能做到绝对的独立，但也必须具备完成其任务所需的职能上和组织上的独立性，因为这种独立性是有效监督的重要前提。为此，首先，要在组织设立上保持相对独立，起码是审计机关必须独立于财政部门及其他资金使用单位。其次，按照最高审计组织的《利马宣言》，这些独立性要求应在宪法和法律中加以规定与保障，以使审计的独立性和权威性不受损害。

上述价值观，归根结底是一种宪政价值的体现。公共审计的法治性，一是体现出对政府权力的约束与监督，二是与人大预算监督相联系，所以是从宪政的高度提出的要求。而宪政对审计监督权的解释是其必须来自于公众授权，公共审计归根结底是要能符合广大人民群众的利益，同时，公共审计的发展和工作的展开也离不开人民群众的广泛参与，并且以"阳光审计"的机制给人民群众提高参与和监督的途径及条件。由此来看，民主性、公共性、公开性就是公共财政和绩效审计制度建设中民主政治与宪政思想的具体体现。

二、公共权力审计的属性分析

要对公共权力审计，先应对其界定，后研究。

1. 公共权力的界定

本书借助于董延安（2008）和李江涛（2009）对于公共经济权力概念的界定，他们认为，"公共经济权力就是使用财政资金或政府控制的经济资源的组织或机构凭借某些特定的优势对于其他组织或个人所具有的一种特殊的经济控制力。"[①]

对于这一概念，本书认为必须要把握以下三个关键点：

（1）公共经济权力的外延边界界定问题。本书认为，公共经济权力包括三个层面上的经济权力：一是包括宪法赋予政府为维护公共经济秩序、保护公共利益所必须行使的税收征管和宏观调控权力以及政府相关部门依法对公共经济资源所拥有的控制权力；二是公有非盈利组织对公共经济资源或公共物质财富的占有、处置和支配权力；三是公有盈利经济组织（体现为各种形式）对公共经济资源所拥有的占有、使用、支配、处置权力。

（2）除考虑到权力和经济权力的公共特点之外，还要考虑公共经济权力行权主体是谁，即谁行使该项权力，基于人民主权论和受托经济责任观，笔者认为，公共经济权力的行权主体是接受人民委托而去经管受托资

[①] 董延安. 公共经济权力审计控制效果研究 [M]. 北京：中国财政经济出版社，2008：31.

源的受托人。具体而言，它就是指对公共资源的占有、支配和管理的组织及其代表人，包括执政党、政府组织、政府所属事业单位组织和国有企业组织（包括各种国有形式）以及其相关代表人。

（3）行使公共经济权力的目的是为了履行公共受托经济责任，服务公共利益。因此，就存在着一个权力和责任是否相对称的问题。如果答案是否定的，那么从经济学上来看，就是社会效率没有实现帕累托最优。毋庸置疑，现实中在履行受托经济责任过程中，由于存在着诸多的原因，行权者的权力行使很难始终保持在正确的轨道上，众所周知，权力腐败已经成为人们社会经济生活的一大顽疾，遑论公共经济权力异化了。因此，不是为了履行公共受托经济责任而行使的公共经济权力就自然受到聚焦。

探究公共经济权力的溯源，有以下途径：

从以上分析可知，本书研究的公共经济权力须与公共受托经济责任履行紧密相关，或者说，公共经济权力的行使和公共受托经济责任的履行是一枚硬币的正反面。

但公共经济权力和公共受托经济责任天然却并不是一对孪生双胞胎。马克思主义认为，人类要生存，首先要解决吃穿问题，就必须向大自然索取，自然的强大迫使人类社会成员之间展开合作，以生产关系为主的诸多社会关系得以形成，经济权力也就出现了。这种公共经济权力是一种原生态的经济权力，或者说是一种原生态的"真正'公共'"的经济权力，实际上就是全体社会成员为共同生存合作管理经济活动的权力，其不能不打上共有、平等和合作的烙印。因此，在这种情况下并不存在受托经济责任的问题。生产力不断地向前发展，人类进入了阶级社会，公共经济权力也不断地发生变化，体现在生产资料上的物质财富日趋集中，经济资源的占有者在不同程度上占有具有劳动权力的社会成员的人身自由。同时，也必须注意到，虽然此时的社会生产力得到了一定程度上的发展，但是社会分工尚欠发达，公共经济权力的所有者和行使者还是一个统一的整体，因此，这个阶段的公共经济权力也不存在与之相对应的受托经济责任一说。随着生产力的进一步发展，社会生产向工业化和现代化发展，出现了市民社会，真正意义上的公共经济权力的所有者和行使者的分离实现了，庞大的经济权力体系也得以形成，即由公共经济权力的所有权派生出来的经营权和转让权等。一旦公共经济权力所有权和行使权分离，即产生了委托受托关系，受托经济责任也就出现了。公共经济权力自产生以来，其和公共受托经济责任的完美契合才真正实现。

一言蔽之，公共经济权力的形成，是生产力和社会分工发展到一定阶段的产物，它必然随着生产力和社会分工的不断发展而发展。

2. 公共经济权力的特性

公共经济权力作为一种社会存在，在人类社会的发展进化过程中发挥了重要的作用，这与它本身的特性密切相关。公共经济权力的特性主要有以下六点：

（1）公共性。本书所研究对象既然确定为公共经济权力，就与非公共经济权力进行了严格区别。所谓非公共经济权力，指权力的所有者是个人或小团体，行权者也是接受个人或小团体的委托而履行受托经济责任的个人或组织。公共经济权力所有者和行使者则具有超越个人和小团体层面上的公共性。

（2）手段性。公共经济权力本身构不成目的，它只是实现目的的手段而已，其行使的最终目的只是维护权力所有者的利益，即公共经济权力行使的目的并非源自行权者本身，而是源自行权者本身所处的体系之外。换言之，公共经济权力是由全体人民授权而产生的，其行使必须要维护全体人民的利益，体现全体人民的意志，是履行公共受托经济责任实现与维护全体人民利益的工具。

（3）自主性。自主性并不是独立自主地行使权力，而是相对于意识形态的权力、政治权力和军事权力而言，其行使要保持相对的独立性，不可受其他几种权力的影响，尤其是政治权力的影响。因为政治权力在社会生活中无处不在，其影响力渗透到整个人类社会的每一个毛孔，现实生活中，人们对政治权力"敬畏"且"崇拜"，无形中就把追逐它作为其行为的目标，经济权力极易受到政治权力的影响。

（4）一元性。在现代受托经济责任关系中，公共经济权力的行使主体必须只能是一个，即受托人，具体体现在纷繁芜杂的受托经济责任关系中，某一个特定的范围内某个特定的经济权力必须只有一个个体或组织行使，这样，就可以避免出现责任相互推诿、扯皮现象。

（5）时效性。经济权力的行使是为了维护权力所有者的利益，履行其委托的责任，执行其意志。时间就成了公共经济权力结构中极其重要的一个约束条件，而有效率的行使也成了公共经济权力所要考虑的最直接目的之一。注重时效是公共经济权力明显的特征之一。

（6）膨胀性。自我膨胀特性是公共经济权力乃至其他权力不可缺少的重要特征。其表现有两种状态：一种是公共经济权力的自然扩张，这是公共经济权力的结构与功能的发展所必然导致的，这一种状态属正常状态；另一种是公共经济权力的恶性膨胀，其结果就是在内外部监控因素不能及时有效地发挥作用的前提下公共经济权力的滥用和异化。

第四节　公共权力审计导向模式的构建

要构建公共权力审计导向模式，必须先了解一下公共权力的结构。

一、公共权力的结构

1. 公共经济权力的静态结构

公共经济权力的静态结构，是由纵向的层级结构和横向的部门结构所组成的，这是我国政府机构设置以及相应的党委系统设置状况所决定的。目前我国政府部门设置由国务院及其部委、省级政府、地市级政府、县级政府和乡镇级政府组成，每一层面都有相对应的党委系统。由于层层公共受托经济责任关系的存在，每一个层面上都有公共经济权力的存在，每一个层面内部又都有不同的部门组成，这样，就形成了横向的公共经济权力结构形式。即使在同一个单位内部，姑且不论是行政机关单位还是公办高校之类的事业单位，也同样存在着纵向的权力结构和横向的权力结构。以招商引资权为例，各级政府都有此责任和相应的权力，而某一级政府内部不同的部门又有对此权力的横向子权力。

2. 公共经济权力的动态结构

笔者认为，公共经济权力的动态结构是指公共经济权力作用的方向、方式、轨道、层次和结果等要素结合在一起所构成的权力运行模式，这种模式必然是以时间为坐标的。公共经济权力之所以存在，是因为履行公共受托经济责任的需要，这是我们考虑公共经济权力动态结构的前提和基础。对一位拥有公共经济权力行使权的行权者而言，其拥有哪些具体权力要根据其需要履行哪些责任来定，而其拥有哪些责任，从理论上来说，依据公共受托经济责任理论来界定，实务中却难以界定。这样就造成一种局面，即行权者并不知道自己有哪些责任，对于责任的履行就存在着一个变数，即权力配置是一个变数。在行使一项公共经济权力时，由于受到各单位不同层级的影响，一项经济权力又被细化成几个子权力，每一个子权力又被进一步细化成更小的子权力，真正履行完一项经济责任必须要运行完毕这些子权力，这本身就体现一种权力作用的方向性和层次性。公共经济权力运行结果就体现出不同的情形，无疑也构成了公共经济权力的动态结构的表现形式。在这我们不妨举一个例子来说明：对某国有企业老总来说，签字报销权是他拥有的一项经济权力，而同时按照本单位内部规章制度，他的权力行使是由具有相应权力的副总或财务总监、财务部经理、会计和出纳等行使自己的子经济权力而共同实现的。

二、我国公共权力的"政治化"

政治权力是指"某一政治主体依靠一定的政治力量和资源,为实现某种利益或原则而在实际政治过程中体现出的对一定政治客体的制约能力"。由此看来,政治权力主要涉及国家、政党和团体的权力,首先为国家权力,主要体现为"立法权、行政权、司法权"等,国家通过军队、警察、法庭、监狱等机关的威慑力和强制力保证其实现。政治权力被赋予国家层面上的色彩,就称为公共政治权力。追根究底,公共政治权力和公共经济权力都是公民权利的让渡。公共政治权力和公共经济权力是并行不悖的两大权力体系,在现代国家治理中发挥着不同的作用。但是,政治是经济的集中体现,公共政治权力的存在是为了实现并行使公共经济权力。公共经济权力也对公共政治权力产生影响。公共经济权力和公共政治权力之间又存在相互依存的互动关系。

(一) 政治化的作用

1. 公共经济权力为公共政治权力的运行提供物质基础

公共政治权力要运行,必须有一定的如办公设施以及货币条件等体现在"物"上的经济资源,同时这种物质基础还是政治权力进行分配的实体。

2. 公共经济权力所有权主体的利益所在,要求介入政治权力的运行过程之中

人们通过各种方式参与国家的政治生活,此属于政治领域讨论内容,在此不再赘述。

公共政治权力对公共经济权力的作用主要体现在公共政治权力能提供各种社会公共服务,这些社会公共服务可以影响公共经济权力运作或运行。在我国,国家经济发展的大政方针政策都是由英明的中国共产党作为执政党来制定的,这是极其典型又重要的例子。

（二）公共责任和公共权力的失衡现象

在社会经济生活中，责任大权力小或责任小权力大的情况在一定程度上存在着，这样，就造成了两者的失衡。

在经济学中，公共经济权力是投入，受托经济责任是产出，为了达到效率最大化，实现帕累托最优，投入最小化而产出最大化是其终极目标。但是，为确保受托经济责任得到全面履行，所赋予的公共经济权力必须能保证责任的履行，实现两者的对等，这样才能实现帕累托最优。任何不是为履责的权力的配置以及权力的异化或不当行使都违背了最基本的经济原理。这里的权力异化就是"权力的作用方向偏离了权力所有权主体的意志，背离了权力所有权主体的利益，或权力的作用力度不到位"，无论是"偏离""背离"还是"不到位"都与受托经济责任的全面有效履行是相悖的。董延安（2007）认为，"权力异化是指权力在行使的过程中，其范围超出了边界，从而导致结果的背离"①。李江涛（2009）认为，"经济权力是与受托经济责任相对应的，经济权力异化是经济权力行使者没有按照委托人特定要求行使权力，致使受托经济责任得不到全面有效履行"②。

笔者认可、借鉴李江涛（2009）对经济权力异化的界定，原因是本书研究的公共经济权力是紧紧与公共受托经济责任联系在一起的，无责任不权力，无权力不责任。这个概念从过程和结果鲜明地指出了公共受托经济责任和公共经济权力有机契合的科学性和合理性。

（三）公共经济权力异化的原因探析

"一切有权力的人都容易滥用权力，这是万古不易的一种经验，有权力的人们使用权力一直遇到有界限的地方才休止。"③那么，终究是什么会导致公共经济权力异化？有哪些因素在发挥着监控和影响公共经济权力这

---

① 董延安. 经济权力审计控制效果研究［D］. 西南财经大学博士学位论文，2007：21.
②③ 李江涛. 经济权力审计监控研究［D］. 西南财经大学博士学位论文，2009：52.

个客观事物的作用？吴建华、罗卜（2003）认为，权力的异化是"由权力的支配和服从的单向控制、权力所有与使用的分离、职位与职责的分离、公益与私立的对立等导致"①；袁维勤（2004）认为，"公共经济权力异化是由于资产阶级思想以及权力所有权与行使权分离所导致"②；公共选择理论和寻租理论认为，作为理性经济人的权力行使者，行权时会从自身利益最大化出发，从而造成权力异化；董延安（2008）认为，"权力异化的原因包括制度根源和人性根源"③。不可否认，上述观点都有一定的科学性，但是，都没有明确具体地从行权者个体——"人"所处的本身内外部条件出发来分析什么导致了行权不当。笔者认为，作为权力行使者的"人"，分析其所行使的权力是否滥用、是否异化的路径要分为行权者个体内外部两方面，内部是指行权者心理行为方面，外部主要指权力行使者面临的外部环境，包括政治经济环境、制度经济环境和监控环境等。

参考文献

[1] 黄溶冰. 党政领导干部经济责任审计的层次变权综合评价模型——基于科学发展观的视角 [J]. 审计研究，2013（5）：53-59.

[2] 阎宝泰. 党政领导干部经济责任同步审计的实践与思考 [J]. 审计研究，2011（3）：12-17.

[3] 李纯琳. 地方党委和政府主要领导干部经济责任同步审计专题研讨会综述 [J]. 审计研究，2011（3）：3-7.

[4] 朱琦. 对经济责任审计工作开展情况的再思考 [J]. 审计理论与实践，2003（8）：44-45.

[5] 高占江. 对县长经济责任审计的理性思考 [J]. 审计研究，2007

---

① 吴建华，罗卜. 公共权力的异化和制约 [J]. 哲学研究，2003（9）.
② 袁维勤. 公共权力异化原因之探析 [J]. 行政与法，2004（1）.
③ 董延安. 公共经济权力审计控制效果研究 [M]. 北京：中国财政经济出版社，2008：85.

（4）：24-27.

　　[6] 马志娟. 腐败治理、政府问责与经济责任审计 [J]. 审计研究，2013（6）：52-56.

　　[7] 彭韶兵，周兵. 公共权力的委托代理与政府目标经济责任审计 [J]. 会计研究，2009（6）：18-22.

　　[8] 蔡春，陈晓媛. 关于经济责任审计的定位、作用及未来发展之研究 [J]. 审计研究，2007（1）：10-14.

　　[9] 戚振东，尹平. 国家治理视角下的经济责任审计发展创新研究 [J]. 学海，2013（2）：129-135.

　　[10] 戚振东，尹平. 经济责任审计产生的动因和权力监督特征研究 [J]. 审计研究，2013（1）：15-19.

　　[11] 李建华. 经济责任审计存在的问题及其解决策略 [J]. 会计之友，2011（8）：106-109.

　　[12] 陈波. 经济责任审计的若干基本理论问题 [J]. 审计研究，2005（5）：84-88.

　　[13] 黄溶冰. 经济责任审计的审计发现与问责悖论 [J]. 中国软科学，2012（5）：182-192.

　　[14] 张勇. 经济责任审计遏制权力寻租的理论分析 [J]. 财会月刊，2010（10）：74-76.

　　[15] 刘更新. 经济责任审计推动审计基本理论的四大创新 [J]. 会计之友，2012（4）：17-19.

　　[16] 郑石桥. 政府审计和公共权力的制约与监督：基于信息经济学的理论框架 [J]. 审计与经济研究，2014（1）：19-26.

　　[17] 郑石桥，杨婧. 公共责任、机会主义和公共责任审计 [J]. 中国行政管理，2013（3）：104-109.

　　[18] 蒋燕辉. 公共权力及公共责任审计研究 [M]. 北京：经济管理出版社，2018.

第六章

影响国家审计服务于公共治理职能的
主观因素分析

从整体框架上来看，影响公共责任审计和公共权力审计的因素有两种，即主观因素和客观因素。主观因素主要包括人的自利和有限理性的属性；客观因素主要包括影响审计的各种外界环境。例如，政治法律环境、市场经济环境、科学技术环境、社会文化环境等。下面分别论述：

对影响审计因素和环境的研究，如果离开对人性特征或人性本质的研究则是失败的；离开对人性特征及本质的研究则许多现象我们也根本无法解释。例如，再完善的公共责任及权力审计，为什么也会因为存在"固有局限性"而形同虚设？这种"固有特征"的根本属性就是源于人性自利和有限理性特征。有鉴于此，下面我们研究人性自利和有限理性，这些影响责任审计和权力审计的主观因素。

第一节 有限理性及自利问题研究

人是自利的，都会选择一切机会实施自利行为。自利是人性的一个方面，有限理性是人性的另一个方面。正是基于人性这两个基本假设，才产生责任审计和权力审计这些对人的行为的审计主题。也基于审计制度的约束力量，才使社会总在人类的利己和利他之间实施均衡，并在实现双赢中进步。

传统经济学理论一直以经济人假设为前提。经济人具备两大特征：一是自利，即人的行为动机是损人（或不损人）利己，趋利避害。二是理性，即每个人都会基于成本效益原则根据自己的目标进行最优选择；但由于信息不对称性和道德困境的存在，人类往往做出次优选择或有限理性的行为。

人的理性是有限的，已经形成了天下共识。哈耶克在《自由秩序原理》中提出："毋庸置疑，理性乃是人类所拥有的最珍贵的禀赋。"但围绕完全理性和有限理性两者的争议尽管持续多年，还是被制度经济学、行为学、信息论等占了上风。西蒙认为，现实生活中作为管理者或决策者的人是介于完全理性与完全非理性之间的，具有"有限理性"的管理人。在实际决策活动中，有限理性特征是：决策者无法找到全部备选方案，也无法彻底预测全部备选方案的后果，决策者尚不具备完全一致的决策偏好体系，使其能够在多种多样的决策环境中选择最优方案（西蒙，1955，2002）。

威廉姆森接受了西蒙的有限理性学说，提出经济人在接收、存储、检索、处理信息等方面的认知能力不足，会影响人的决策（Williamson，1975）。其实，个人与社会的决策可能是相悖的。每个人的理性决策可能导致社会无理性的最终后果，因为存在信息不对称及道德逆向选择。有限理性的原因包括三个方面：一是环境是复杂的，人类面临的是具有高度不确定性的世界，因此，信息是不对称的（或不完备的）、有限的；二是人类对环境的认知能力是有限的，人不可能无所不知；三是人受到情境的影响，在一些情形下会做出情绪化的决策。最终，每个人只能依据自己看到的指标做决策，而不理他人的决策及他人的私人信息。

审计需求源于人性属性（即自利及有限理性）。著名社会学家雷蒙·阿隆提出，人类的历史是人性发展和成长的过程。人性是随着历史发展而不断丰富和变化的，也因为它在其自身限度内不断发展变化和显现着各种对抗与冲突，才使人类对人性认识没有定论。任何审计制度的设计也体现了人性的需求，因为制度设计必须以某种人性预设为前提，不管是以"人性善的预设"还是"人性恶的预设"为前提，在其制度操作层面上都是以对人性洞见为前提的。

奥地利著名经济学和社会学家哈耶克指出，如果从"好人"的假定出发，必定设计出坏制度，从而导致一系列坏结果；反之，如果从"坏人"的假定出发，则能设计出好制度，从而导致一系列好结果。经济学假定人是自私自利的（从而无视他人）；政治学也假定政治家都是骗子和无赖。1787年，制宪会议的核心人物麦迪逊指出："如果人都是天使，就不需要任何政府了；如果是天使统治人，就不需要对政府有外来的或内在的控制了。"

邓小平说过，如果制度好可以使坏人无法任意横行；如果制度不好则可以使好人无法充分做好事，甚至走向反面。一个人做点好事并不难，难的是一辈子不做坏事。因此，人类在制定各项制度时必须从人类恶性属性的假设出发，而不应当考虑人类善性属性的假设。

"经济人假说"与"社会人假说"永远都是一对离不开的死对头。前者强调利己，后者强调利他。公共选择学派的布坎南（J. M. Buchanan）找到了解决经济学家与政治学家之间分歧的依据。是布坎南率先将新经济人假设运用于政治市场，深入研究了政治过程中的选择问题①。其中，关于"公共品"和"寻租"的理论等在审计的理论研究与制度安排设计中具有十分重要的意义。

在经济人假设中，自利永远是市场经济中的精髓。自利始终是第一位的，利他也是要服从利己（或自利）的需要，自利是全方位的、多层次的，由于信息不对称等因素存在，经济人大多是从有限理性角度，通过机会主义倾向来寻求自身利益最大化，在市场失灵或政府失灵时，直至也有非理性选择的情况。因此，现实的经济人是有限理性的机会主义者②。

个人的有限理性及自利，与机会主义存在根本差别。一般来说，自利行为受服从和遵守信用的约束，而机会主义不受此类约束。机会主义是指信息的不完整或受到歪曲的透露，尤其是指旨在造成信息方面的误导、歪曲、掩盖、搅乱或混淆的蓄意行为。它是造成信息不对称的实际条件或人为条件的原因，这种情况使经济组织的问题大为复杂化了（威廉姆森，1991）。个人效用函数的不一致和行为的外部性，有机会主义倾向的个人可以采取欺诈、威胁等不正当手段牟取利益。由于某些交易的特殊性使交易双方之间存在严重的信息不对称现象，掌握信息的一方可以通过偷懒、欺诈等手段获取个人利益。不对称性信息为机会主义行为提供了温床，而相应的收益则强化了个人的机会主义动机。如果说有限理性制约了决策最优程度，那么机会主义则影响他人的最优决策。不同利益的主体需求、信息及资源稀缺性的客观现实、交易中的人都有损人利己的动机，这些都不可避免地要增加交易与合作的谈判次数、增加合同条款、严格检查、监督合同的履行等，这直接关系到交易费用的大小。其中，有限理性与参数的不确定性是外生的干扰，人的机会主义和行为的不确定性则是内生的干扰。因此，从国家治理角度来看，更要监督机会主义而非仅仅个体的有限理性和自利。

---

① 文建东. 公共选择学派［M］. 武汉：武汉出版社，1997：86.
② 王善平. 会计师事务所合伙人制度中的私人财产与创新能力［J］.《会计论坛》，2002（2）.

详细研究内容，见本章第三节机会主义与国家审计部分。

第二节　对审计固有局限性的主观因素研究

审计监督是整个政府监督制度的一部分，"制度设计假定"是为了预防坏人利用公共权力做坏事，也是为了消除各种伪君子。但审计师也是经济人，也是自利和有限理性的利己主义者。

一、审计固有局限性根源是人的局限性

人的局限性不仅是舞弊的根源，也是腐败的根源。缺乏制度约束则为权力走向腐败提供了现实条件。对责任审计和权力审计而言，改变人性几乎不可能，但通过设计严谨的审计制度（或改变传统不合理的审计制度）则是十分可行的，也是必要的。

审计固有局限性表现在两个方面：一是政府审计机构（或事务所），二是审计师（或注册会计师）。但无论哪个方面，最终的局限性都集中反映在人的局限性方面。例如，除了审计师个人的局限性之外（上述分析已经论述），审计机构（或事务所）也是生活在现实环境（乃至市场环境）中的组织，其不仅自利，也是寻求自身利益最大化。

同时，审计机构同样是会做出有限理性（而非完全理性）的决策。有限理性认为，组织行为是有意识的理性选择，而且这种理性是有限的。换句话讲，任何组织并不能在复杂环境中都做出最优决策。当然，在现实生活中，自利和有限理性是同时存在的，两个影响因素相互交织。

审计的固有局限性源于人的自利和有限理性，而这与环境的复杂性和高度不确定性密切相关。环境不确定性意味着人类根本不能确切地认

识和把握事物的发展规律，而运用概率统计等方法只能修正对不确定性的认识，根本不能改变客观环境或消除客观决策的风险因素。客观环境的复杂性是指世间万物都存在着各种千丝万缕的必然联系，如果希望把握其内在联系与内在规律，仅依靠任何决策个体在短时间内是无法完成的。

审计固有局限性是在审计行为中产生的，因为环境的复杂性或高度不确定性，任何人都不会拥有完备信息和对称信息，在审计决策（乃至经济决策和行政决策）中，审计主体与客体（或审计师与被审计单位）双方，一方可能较完备的私人信息，其往往处于信息优势地位，相反，另一方则处于劣势地位。在此背景下，审计风险或审计失败的存在成为必然。

二、有效降低审计固有局限性的影响就要理性均衡利己与利他行为

在现代市场经济中，竞争与合作同样重要。合作成功的基础是合作者应具备利他的意愿、心态和行动，否则，合作就不会成功，或付出较高的成本，导致低效率。利他是被动的行为，也是一种手段，利己才是根本目的。实际上，社会矛盾越激烈、环境越复杂、信息范围越大，合作者之间的利他意愿和行为就越重要。

对审计师的约束，或说是对利己主义的限制是降低审计固有局限性的根本方法。约束审计师的成因同样因为他们也有自利和机会主义倾向。所谓机会主义倾向，是指审计师总在有限理性选择中犯错误或行为不当时，机会主义倾向使他们试图在侥幸和冒险中"碰碰运气"。

审计师的利己行为表现在欺骗委托人和欺骗公众以及道德欺诈等方面。例如，在现实环境中，表面上，政府审计师审计哪家国有企业是由股东大会及国资委决定的，实际上却是董事会"内部人"操纵的。董事会不会挑选那些专找自己麻烦的审计师来查账，提供不实审计报告的结果则是

欺骗了委托人和社会公众。再例如，审计师个人的道德欺诈还表现为欺骗他们的供职单位。自利的行为表现为有时降低审计标准或审计质量，有时减少审计时间，有时甚至与董事会的"实际控制人"合谋。

审计师的欺骗行为造成以下三种后果：一是使国有企业内部人控制现象更严重、更隐蔽，不正当的审计环境会导致国有企业最终的经营失败。二是劣币驱逐良币。在不正当竞争环境下，劣质单位越来越占领市场，优质单位越来越销声匿迹，整个社会处于道德危机和信用危机中。三是严重损害了审计师的公共信誉及社会信誉，使审计师与社会公众之间的期望差距不断加大，审计失败现象频繁发生。

第三节　为监督和约束机会主义而实施公共治理的研究

所谓机会主义行为是指在信息不对称的情况下，人们不完全如实地披露所有的信息及从事其他损人利己的行为。一般是用虚假的或空洞的，非真实威胁或承诺谋取个人利益的行为。在现实生活中，卸责、滥用权力、面子工程等公共责任机会主义时有发生。公共责任机会主义行为的直接结果就是公共产品供给或配置无效率或低效率。

王家新认为，公共治理机制是抑制公共责任机会主义行为的制度安排，主要由制衡机制、激励机制和问责机制组成。从我国的现实来看，强化公共责任问责机制是优化公共治理机制较为现实的选择。关于公共责任问责机制的研究主要集中在公共治理与问责、公共治理与审计、公共问责和审计等方面（陈国权，2001；陈国权、徐露辉，2005；陈国权、王勤，2009；胡南薇、陈汉文，2008；张文婧，2011；冯均科，2009；王会金、王素梅，2009；汤小莉，2010；胡建国，2008；王全宝，2010）。然而，对于公共责任、机会主义和国家审计之间的关系一直缺乏系统化的理论解释框架。

基于对机会主义的约束，对公共责任问责的相关研究的主要观点是，公共责任发生在国家公共管理领域，实现公共利益的责任，问责本质上是建立一个有责任心的政府，为人民利益负责的政府。民主、公开、公平和效率是问责所追求的目标，问责体系的主要内容有：在其位、谋其职；主动接受外部监督的责任；在没有履行好分内的职责义务时，要承担政治上的责任，承担来自政府系统内部的问责，来自法律法规的问责，来自自身的问责（陈芳，2005）。责任政府应该实现决策责任、执行责任与监督责任的分置与协调，同时建立决策权、执行权与监督权的分立与制约体系。问责作为责任政府得以实现的关键机制，在于建立领导责任追究制度。通过领导责任追究制度，使各级领导真正成为各级政府履责的核心力量，推动责任政府建设，因此，责任政府建设的关键又在于政府问责制的确立（陈国权，2001；陈国权、徐露辉，2005；陈国权、王勤，2009）。

为监督和约束机会主义实施公共治理与国家审计的相关研究观点是，国家审计作为国家治理的重要组成部分，始终通过依法用权力制约权力，发挥揭示、抵御和预防等"免疫"功能，在维护民主法治，保障国家安全，推动落实责任、透明、法治、廉洁、公平和正义等原则和理念，改善国家治理，进而实现国家的可持续发展等方面发挥着积极作用（刘家义，2008，2010，2011，2012）。应以建设有效政府为目标充分发挥绩效审计的增值功能，以建设有限政府为目标充分发挥公共财政审计对宏观调控的保证功能，以建设授权与分权政府为目标充分发挥基层领导干部经济责任审计对权力的制约功能，以建设透明政府为目标完善审计公告制度，充分发挥其对实现国家审计功能的保障作用（胡南薇、陈汉文，2008）。在公共治理理论与国家建构理论的影响下，政府职能和效能在不断变革，国家审计的政治、经济、法律环境也随之发生显著变迁。展望未来，国家审计将树立提供公共审计服务的理念，国家审计的组织架构将更加灵活、高效，国家审计的职责和职能将得到拓展，国家审计对象与范围的确定更加合理，国家审计报告和公告将更加透明、规范（周中胜，2009）。公共治理要求审计结果的监督主体多元化，公共治理要求通过审计公告解除受托责任，公共治理要求建立服务型审计机制（张文婧，2011）。

王家新提出三个研究方向，也是三个潜在的领域值得研究：一是公共责任究竟会有些什么样的机会主义行为？二是在抑制公共责任机会主义治理架构中，国家审计如何定位？三是国家审计治理公共责任机会主义的具体路径有哪些？现有路径存在哪些问题需要进一步研究？笔者力求找到下面的三个研究线索：

一、公共责任及公共权力的正确定位

王家新认为，从责任内容的角度，公共责任可分为三个方面：一是公共资源和公共资金使用责任，又称为财务责任；二是公共权力使用责任，又称为权力责任；三是完成公共事务，又称为职能责任。从责任承担主体的角度，公共责任可以划分为单位责任和个人责任，前者是指承担公共责任的单位作为一个组织机构应该承担的公共责任，政府作为一个整体承担的责任是单位责任，每个政府机构作为承担公共责任的机构所承担的责任也是单位责任。而个人责任是指公共责任单位中的个人，根据其岗位职责在单位的公共责任中应该承担的责任。从责任确定来说，单位责任是基础，个人责任是单位责任的分解，只有明确了单位责任才能确定个人责任。但是，从责任完成来说，个人责任是基础，只有每个岗位都履行了本岗位的责任，整个单位的责任才能完成。

对于一个公共机构公共责任履行情况的考察，要以财务责任和权力责任为基础，以职能责任为重点，不能偏废。

二、监督权力运行机会主义的国家审计

党的十八大报告指出："推进权力运行公开化、规范化，完善党务公

开、政务公开、司法公开和各领域办事公开制度，健全质询、问责、经济责任审计、引咎辞职、罢免等制度，加强党内监督、民主监督、法律监督、舆论监督，让人民监督权力，让权力在阳光下运行。"党的十八大报告指出："强化对权力的制约和监督是有效预防腐败的关键。……坚持做好对党政主要领导干部和国有企业领导人员的经济责任审计，加强对重点专项资金和重大投资项目的审计。"两个报告中都将国家审计嵌入国家政治制度，作为权力运行监督机制。

在各种机会主义类型中，权力运行机会主义最可怕，也最有危害。新制度经济学家威廉姆森认为，人们在经济活动中总是尽最大能力保护和增加自己的利益。自私且不惜损人，只要有机会，就会损人利己。损人利己的行为可分为两类：一类是在追求私利时，"附带地"损害了他人的利益，例如，化工厂排出的废水污染了河流；另一类则纯粹是以损人利己为手段为自己牟利，例如，坑蒙拐骗、偷窃。机会主义行为使各种社会经济活动处于混乱无序状态，造成资源极大浪费，给社会带来难以估计的损失，阻碍了社会的发展。具体到管理活动中，机会主义行为会降低管理绩效，使管理目标难以达成。

机会主义行为的发生原因有多种，但最根本的可归纳为以下两方面：首先，机会主义行为源于人的逐利本性。根据新制度经济学对人的假设。人们在追求自身效用最大化时，常常会走到机会主义上去。会借助各种不正当的手段牟取自身利益，不惜损人利己。其次，信息不对称和人的有限理性给机会行为存在提供了活动空间。古典经济学和新古典经济学认为，人是完全理性的。由于人具有完全理性能洞察现在和未来，以说谎、欺骗和毁约来牟取私利的行为都无从得逞。而新制度经济学认为，人是有限理性的，这种观点更贴近现实。正因为人是有限理性的，他不可能对复杂和不确定的环境一览无余，不可能获得关于环境现在和将来变化的所有信息，在这种情况下，一些人就可能利用某种有利的信息条件如信息不对称环境，向对方说谎和欺骗，或利用某种有利的谈判地位背信弃义，要挟对方以牟取私利。

在公共受托责任理论中，由于委托人和代理人之间存在激励不相容和信息不对称等因素，再加上环境不确定性，代理人可能出现机会主义。机会主义就是代理人在履行其责任时偏离委托人的期望。公共权力使用者都是代理人，他们在运用公共权力履行其公共责任的过程中可能偏离委托人的期望，从而出现机会主义行为。

王家新教授对各种机会主义的分析入木三分。自改革开放以来，我国不仅存在个人机会主义行为，而且还存在集体机会主义行为。集体机会主义行为区别于个人机会主义的一个重要特点是：集体机会主义的实施者可以借用集体的名义，动用公共资源实施其机会主义行为。这一特点可能在两个方面使集体机会主义愈演愈烈：以群体利益为指向的行为可以使机会主义的实施者避开外部责难和内心自责，从而更加堂而皇之地实施其机会主义行为。从实际来看，集体机会主义的公开化就是这一特点的反映；集体机会主义的实施者动用的是公共资源，对其个人来说这是零成本的投资行为，而他却可以由此行为收获颇丰。事实上，这种"外部性"才是集体机会主义得以迅速发展且久禁不止的根源所在，这一特点使集体机会主义不断升级。集体机会主义同样加大了社会的运行成本，致使制度的约束力大大下降（李厚廷，2004）。

根据公共责任的类型，可能出现的机会主义类型包括财务机会主义、权力机会主义和职能机会主义；单位机会主义和个人机会主义。权力机会主义是责任主体在公共权力的使用过程中滥用职权，不公平地对待公共事务相关者或利用公共权力非法为自己或他人牟取利益。职能机会主义是没有按法律法规规定的职责完成应该完成的公共事务，例如，不作为、作为不当等都属于职能机会主义。单位机会主义是指公共责任单位对公共责任的不作为、作为不当或错误作为。这里的单位包括代议机构、政府和政府机构。个人机会主义是指履行公共责任的个人特别是领导干部对公共责任不作为、作为不当或错误作为。当然，基于重要性原则，国家审计更关注权力机会主义、单位机会主义两种类型。

三、应对机会主义的国家治理构架

制度漏洞会导致机会主义行为失控，给社会造成危害，例如，某些干部的腐败问题、经营行为的规范问题、社会诚信问题等。在设计制度时，如果事先能预知被管理者可能的机会主义行为，就能针对该种行为制定有效措施，做到有的放矢，从而减少制度漏洞。如果事先对某种机会主义行为没有预料到，就可能疏于防范，形成制度漏洞，导致有些人钻空子，实施机会主义行为而不受到惩罚，也就纵容了机会主义行为。有鉴于此，笔者认为，在制度设计时对机会主义行为进行预测最为关键，同时，随着环境变化国家审计制度也要与时俱进。

在国家治理视角下，公共责任领域可能存在各种机会主义行为，委托人当然会预期这些机会主义行为，并采取应对措施。这些应对措施统称为公共治理机制。治理机制主要由制衡机制、激励机制和问责机制组成。制衡机制就是在业务流程中嵌入控制措施，通过这种措施发挥作用，抑制机会主义行为。激励机制是通过一些制度安排，改变代理人的想法，使其主动抑制其机会主义行为。问责机制是对代理人责任履行过程和结果进行监视和督察，并对代理人的不当行为进行规制，这种监视和督察是置于公共责任业务流程之外，是对公共责任业务流程及其结果的监督，并根据代理人履行公共责任履行状况进行奖励或处罚。

王家新详细比较了三种机制优劣：第一，制衡机制由于嵌入了业务流程，抑制机会主义行为的效果最好，但是，由于控制措施需要嵌入业务流程，就增加了流程长度和运行成本，从而产生较高的制衡成本。第二，激励机制的主要特征是通过一定的制度安排使代理人主动抑制自己的机会主义行为，代理人是理性人，只有当不发生机会主义行为效用大于发生机会主义行为效用时，才会主动抑制其机会主义行为。所以，一般来说，激励机制要发挥作用，激励成本会较高，如果激励不具有相当的力度，这种机制难以发挥作用。第三，问责机制的主要特征是置于业务流程之外来监视代理人的机会主义行为。这种机制由于不影响代理人的业务流程，因此，不会增加代理人的业务营运成本，从而监督成本较低。但是，由于置身于业务流程之外，对代理人机会主义行为的了解程度可能会降低，同时，发现代理人的机会主义行为可能不及时，从而使代理人的机会主义行为得不到及时抑制。所以，抑制机会主义行为的效果不是很好。

笔者认为，上述观点是基于某些语境、某些时间进行的研究。但如果这些语境及时间发生显著变化，监督和约束机会主义的国家治理职能也要随时变革，也要实现监督机制的与时俱进。

笔者也认为，对机会主义而言，"所用者空缺"的体制也会影响国家审计服务于国家治理的最终效果。虽然治理机制是对应机会主义的手段，如果委托人本身对自己的利益不关心，对代理人的机会主义行为不介意，那么治理机制也就不一定需要或不一定会真正发挥作用。我们不能指望代理人自己来完善和执行治理机制，这是委托人的责任。在现实生活中，一些很严重的机会主义领域长期不能得到抑制，主要原因是委托人不作为或没有作为能力。

有鉴于此，党的十八届三中全会提出，反四风的基本号召更是监督和约束机会主义的重大举措。反形式主义、反官僚主义、反奢靡之风、反腐败之风应当成为国家监督体系的一项国策。

第四节　影响审计的内部环境变化的研究

执法者违法，监管者渎职，甚至执法者和监管者滥用监管权力，这是近年来出现在国家治理领域中内部环境的变化。

影响审计的内部环境变化突出表现在对审计师的"再管制"方面。[①]
所谓"再管制"，是指对审计管制者的管制。一旦审计质量依靠其自身力
量不能较好地实现公平与效率，则需要一定的道德管制和行为管制，有时
候管制失灵是难免的，但我们可以通过对管制者实施必要的管制（以下称
"再管制"为"再监管"）来降低管制失灵的损失。

一、再监管的产生

信息不对称、人性自利及有限理性，是人类抵制监管的三个成因，也
是监管失灵的三个成因。监管者作为一个机构或主体有自己的利益，也多
受信息不够、有限理性困扰；监管机构的行为依赖自然人来实施，监管方
面的法律制度也是由一个又一个的有限理性和具备私欲的自然人来执行。
换句话讲，监管失灵的根本成因是授予监管机构的监管权力不当和自然人
行使监管权力不当（甚至监管权力滥用）。由此可见，对授权和行权的监
管（或权力审计）就是预防监管失灵的有效措施之一。

从宏观层面来看，审计监管的过程既是监管授权和行权的过程，也存
在多重代理关系（如表6-1所示）。

表6-1　审计监管中的代理关系

代理关系的程序	委托人	代理人	代理人的基本职责
关系人1	社会公众代表	监管机构	维护公众利益
关系人2	监管机构	监管机构内自然人1	监管的授权
关系人3	监管机构	监管机构内自然人2	监管的行权

监管制度的选择既是一个历史演进过程，也是不断修正的过程。往往

---

① 王善平. 独立审计权责结构研究［M］. 北京：中国财政经济出版社，2006：320.

一个监管制度在其运行初期是有效的，但随着时代进步和社会政治及经济环境变化，该制度越来越变得不合时宜，需要不断改进。然而，监管制度改进同样需要按程序办理，但实际结果却是监管制度改进远远落后于现实需要，不仅改进措施迟钝，更多情况还是变革制度迟钝造成的。

首先，再监管表现为对现有监管制度设计的不断检讨和反思以及对落后监管制度设计的尽快改进。其次，表现为对监管制度执行人的行为监管。这应当是再监管的重点，也更受公众关注。一般情况下，如果出现监管失灵，人们往往认为是执行人（或行权）的失效。一方面，由于执行人的自利、有限理性、信息不对称和机会主义所致；另一方面，即使监管制度设计失效，执行人也应最早发现，最早提醒制度制订部门修正。但在实际情况下，监管失灵也存在制度设计（或监管授权）的失效。有鉴于此，再监管必须同时对行权和授权实施监管，必须"自上而下"地选择再监管的路径。

二、我国审计再监管制度（或权力审计制度）的构建

1. 审计再监管制度是指对各种权力实施的审计制度

审计再监管制度包括对审计权力自身实施的审计制度。换句话讲，审计再监管（无论对别人还是对自己实施再监管）也是通过权力审计这一途径执行的。

2. 监管失灵是执行再监管的必要条件

无论是对审计监管权力的初始设计还是后续设计，以及对权力执行人的行为监管，说到底是一个"权力制衡问题"。所以，在政府、社会、公司治理中都强调内部控制，特别是对各项权力的控制。丧失控制的权力必定产生腐败、舞弊或独裁。但是，这里也应注意的是，限制（或监管）与激励是一枚硬币的两面，要合理均衡限制与激励两者之间关系。激励不仅能够满足理性自然人的自利需求，也能激发人的积极性和创造性。

目前，我国政府审计监管机构主要是全国人大、全国政协、公检法机

构等。对本书的研究重点而言，如果改变国家整个监管体制较为困难，那么可行的办法是如何完善各级监管制度。我国审计再监管的主要对象是现有监管机构以及执行人的监管行为。

3. 再监管主体要有两大使命

一是对监管制度的设计和修改提出建议，以便于立法机构及制度制订机构准确地采取必要行动，来缩小监管制度供给与需求之间的差距；二是随时检查监管机构对现有监管制度的执行情况，对执行不力、知法犯法执行人做出必要的处罚。一旦明确两大使命之后，监管主体也要体现出自身特点：①代表社会公众利益。对政府审计再监管的最终目的就是尽可能减少审计监管者的违规与违法行为对社会公众的伤害。再监管主体的工作人员应当来自审计机构之外，绝不能与审计人员产生各种威胁独立性的因素。②具有较高权威。造成再监管主体权威性较高的因素包括独立性强、专业水平高、秉公办事等。但最根本一条则是法律地位高，法律授予其一定的司法权。③从形式到实质上，都独立于监管机构。既要预防再监管与监管机构串通或合谋，假公济私、避重就轻、听之任之，也要预防双方同流合污、恶意串通。

参考文献

[1] 雷远宁. 谈谈审计违纪问题的认定和定性 [J]. 审计月刊，2008 (5)：31-32.

[2] 石秦. 浅谈审计定性 [J]. 中国审计信息与方法，2000 (2)：27-28.

[3] 彭桃英，胡文平. 经验、激励因素对审计判断中肯定性倾向的影响——财务报表错报程度判断的一项实验研究 [J]. 审计与经济研究，2011 (9)：30-37.

[4] 张宗乾. 关于审计处理处罚依据的探讨 [J]. 中国审计信息与方

法，2002（3）：42-43.

［5］孙富军. 审计处理处罚应"四要"［J］. 中国审计，2001（10）：33.

［6］鲁桂华. 审计处罚强度与审计覆盖率之间的替代关系及其政策含义［J］. 审计研究，2003（3）：55-57.

［7］王万江. 审计处理处罚存在的问题及对策建议［J］. 审计与理财，2011（2）：33-34.

［8］谢开盛. 论自由裁量权在审计定性和审计处罚中的合理运用［J］. 审计与理财，2013（2）：28-29.

［9］尹平，郑石桥. 国家治理与国家审计［M］. 北京：中国时代经济出版社，2014.

［10］王家新等. 国家审计的政治经济分析［M］. 上海：上海三联书店，2013.

［11］蒋燕辉. 公共权力及公共责任审计研究［M］. 北京：经济管理出版社，2018.

第七章

影响国家审计服务于公共治理职能的
客观因素分析
——基于中国特色社会主义审计环境

从整体上来讲，中国特色社会主义国家审计环境（即客观因素）决定或影响着国家审计。这种环境的理论机构大致包括以下要素：基于上述环境下的审计本质、审计目标、审计客体、审计主体、审计内容及审计模式。中国特色社会主义国家审计理论结构作为理念系统，必须回答中国特色社会主义国家审计的基本问题（包括上述要素），对这些基本问题的回答就构成理论要素。

杨肃昌（2012）认为，国家审计理论既要体现出一般审计理论的普遍性要求，又要具有国家审计理论的特殊性；国家审计理论体系应具有一定的逻辑结构和层次；国家审计理论基础应以政治学为主体；国家审计基础理论研究应求同存异以利于研究的深化；国家审计应用理论应注重体系化研究。

第一节　基于政治文明的国家审计本质分析

论及文明与环境的关系，前者是结果而后者是动因。有什么样的环境就有什么样的文明。同理，审计文明（包括政治文明、经济文明、社会文明及法治文明）是各个时期四种环境影响的结果。

政治环境主要指一国的政治制度。中国特色社会主义国家审计政治环境包括五方面的内容：党的领导、人民当家作主、依法治国有机统一；人民代表大会制度；中国共产党领导的多党合作和政治协商制度；基层群众自治制度；民主集中制（房宁，2010）。

第一，党的领导、人民当家作主、依法治国有机统一，就是党对国家的领导是依法领导，目的在于保证国家在民主法治轨道上运行。坚持党的领导、人民民主和依法治国三者之间的有机统一，是基于以下原因：党的领导是人民当家作主和依法治国的根本保证；人民当家作主是社会主义民主政治的本质要求；依法治国是党领导人民治理国家的根本方略（房宁、周少来，2010）。

第二，人民代表大会制度是中国的根本政治制度，既反映人民群众中各不同群体的意见和呼声，同时又从全局出发将人民群众中各种意见集中综合起来，使国家的法律法规、政策措施能够统筹兼顾各方利益。

第三，中国共产党领导的多党合作和政治协商制度是中国的政党制度，政治协商是中国民主制度的一大特色，通过政治协商可以广泛反映人民的各种利益要求，可以妥善化解人民内部的各种矛盾，使人民群众的局部利益、个别利益与整体利益、根本利益相互协调（房宁、周少来，2010）。

第四，广泛的基层民主自治可以繁荣整个社会，从而为政治上层建筑提供社会支撑与基础结构。我国是一个人口众多的超大规模的国家，不仅存在着城乡之间的二元结构，而且在城市与城市之间、乡村与乡村之间也存在着巨大的差异，就是在基层群众间的不同阶层、不同职业之间也是千差万别。基层群众民主意识的不断增强，参与民主建设积极性的提高，是我国发展民主政治的极为宝贵的资源（马建武，2010）。

第五，民主集中制的基本含义是民主基础上的集中和集中指导下的民主相结合。在民主集中制中，民主与集中是辩证统一的关系，民主是集中的前提和基础，集中是民主的指导和结果。民主集中制是无产阶级政党、社会主义国家机关和人民团体的根本的组织原则，它规定了领导和群众、上级和下级、部分和整体、组织和个人的正确关系。对无产阶级政党来说，就是要在党内努力造成又有集中又有民主，又有纪律又有自由，又有统一意志又有个人心情舒畅、生动活泼的政治局面。通过发展党内民主，积极推动人民民主的发展。对我国社会主义国家机构来说，民主集中制主要表现为全国人民代表大会和地方各级人民代表大会都由民主选举产生，对人民负责，受人民监督；国家行政、审判、检察机关都由人民代表大会选举产生，对它负责，受它监督；中央和地方国家机构职权的划分，遵循在中央统一领导和国家法制统一的前提下，充分发挥地方积极性和主动性的原则（武三中，2010；赵成斐，2011）。

一、关于国家审计本质的国内几种观点

涉及审计本质的认识，在查账论、信息传递论及控制论等国内诸多观点中，笔者赞同两种：一是信息品质论，其认为审计的本质在于提高决策信息的可信性、优化社会资源的分配。二是权力制衡论，其认为审计是一种对权力的制衡机制，以保证权力，主要是经济权力，如信息供给权、管理决策权、资源配置权等的正常行使与运行。

对政府审计本质的论述，笔者赞同如下四种：一是民主政治论，其认为审计就是民主的反映，而民主则是现代政府审计的实质。现代国家的审

计，就是民主。审计，是民主最准确的尺度。二是权力制衡论，其认为国家审计不仅要认真履行宪法和法律法规赋予的经济监督职责，还要加强对权力的监督和制约。三是两权分离说，其认为个人将部分权利移交给某一特定对象而形成了政府，政府的权力来自于公民个人的权利，国家审计是对政府权力的监督机制，其重点是经济监督。四是委托问责论，其认为作为主权者的人民的整体是国家的委托人，而政府是人民的代理人；人民可以给予政府权力，也可以对这种权力运用的适当性进行监督。按经济学的委托代理理论，被审计者属于代理人角色，人民的代表组织是委托人身份，而审计机关则是以第三方的立场接受人民的代表组织的授权行使监督权，以保证公共受托责任得到全面有效的履行。从本质上来说，审计是一种控制活动，是一种控制国家权力、履行公共受托责任的活动。

笔者最赞同第四种观点。原因是它基于公共受托责任的理论基础，公众才是政府的最终委托人，为了满足公共治理的公众最终委托目标，政府审计服务于国家治理和社会治理，对各级国家机构实施公权力的监督及控制。

二、中国特色的国家审计本质

刘家义对国家审计本质有精辟见解。他指出，国家治理结构中需要有一个环节来保障国家经济社会的健康运行，审计正是这样一个环节，充当保障国家经济社会健康运行的免疫系统，这是国家治理制度的必然安排（刘家义，2010）。国家审计作为国家经济社会运行的免疫系统，要发挥好三方面的功能：第一，必须充分发挥预防功能。作为一种制度安排，国家审计具有内生性的威慑作用，审计机关具有独立、客观、公正、超脱、涉及经济社会各方面的优势，因而有责任而且有条件及时发现苗头性、倾向性问题，及早感受风险，提前发出警报，起到预警作用。第二，必须充分发挥揭露功能。审计的首要职责是监督，监督就必须查错纠弊。所以，审计必须查处违法违规、经济犯罪、损失浪费、奢侈铺张、损坏资源等各种行为，并依法对这些行为进行惩戒；必须揭示体制障碍、制度缺陷、机制扭曲和管理漏洞，以保护经济社会运行的安全健康。第三，必须充分发挥抵御功能。审计不仅要揭露问题，更要对产生这些问题从表象到内里、从个别到一般、从局部到全局、从苗头到趋势、从微观到宏观进行深层次的原因分析，提出相关建议，提高经济社会运行质量和绩效，推动经济社会全面协调可持续发展（刘家义，2009）。

笔者认为，这一定义高度概括了中国特色的语境。即国家审计是为保障国家、经济和社会的健康运行；国家审计应服务于国家治理机制；国家审计具备预防功能（即免疫功能）；国家审计必须揭露宏观体制障碍、制度缺陷、机制扭曲和管理漏洞，以保护经济社会运行的安全健康。

第二节　基于经济文明的国家审计目标分析

经济文明受制于经济环境。经济环境是指一国一定时期的经济体制特征及经济发展水平。我国经济体制最典型特征是中国特色社会主义市场经济，其本质特征是社会主义基本制度与市场经济相结合。公有制为主体，多种所有制经济共同发展。其核心是"公有制为主体"，没有这个核心，社会主义基本经济制度也就不存在。非公有制经济与市场经济相结合，在经济体制不存在困难；而作为经济主体的公有制经济与市场经济相结合，必须在公有制经济的基础上建立起市场经济不可或缺的微观经济基础，这是前无古人的历史性探索。

针对经济发展水平而言，中国经济实力及综合国力水平在近几十年的时间里得到了长足的发展，经济总量位居全球第二。就中国人均 GDP 来说，按照世界银行的分类标准，进入 21 世纪之前，我国一直是世界上的低收入国家，进入 21 世纪之后，进到中下等收入国家的行列，2010 年中国人均 GDP 由中下等收入国家，进入中上等收入国家行列。然而，在中国经济高速发展的同时，也不可避免地出现了一些问题，例如，经济结构粗放、东西部区域发展不平衡、资源浪费、失业问题和收入分配失衡等问题。

一、经济问责体现的国家审计目标

从经济问责视角来看，经济问责主体是国家审计的委托人，国家审计是经济问责系统的组成部分，其基本功能是经济问责信息保障。经济问责需要什么信息，国家审计就应该保障什么信息。所以，如果说国家审计机关有什么"所期望达到的目的、境地或标准"，那就是高质量地保障经济问责信息。国家审计机关应该围绕经济问责主体的信息需求来开展审计工作，而不应该有自己的利益考虑。

尹平、郑石桥认为，事实上，国家审计只是经济问责系统的构成部分之一，不是经济问责系统的全部，在经济问责系统的要素分工中，国家审计的基本功能是经济问责信息保障，当鉴定经济问责信息的真实性时，就是基于责任方认定业务，当直接提供经济问责信息时，就是直接报告业务。宋夏云（2006）指出，国家审计总目标在于独立地提供公共受托责任履行情况的鉴证信息。这个观点区分了国家审计目标和经济问责目标，但是，国家审计的信息鉴证应该限于经济问责信息，并且，除了鉴证信息之外，还应该有直接报告业务。

总之，作为经济问责系统构成部分的国家审计，其目标是通过基于责任方认定业务和直接报告业务，发挥经济问责信息保障作用，通过这种信息保障作用，促进政府治理主体改善业绩、提高效率和效果、提高透明度、强化公共责任、保持可靠性和揭露腐败。

关于国家审计目标的一般分析，中国特色社会主义国家审计环境对其产生重要影响，从而显现国家审计目标的中国特色。

二、国家审计目标要随着国家治理环境的变化而变化

当代中国正处于改革开放时代，转轨是这个时代的主题，经济体制深刻变革，社会结构深刻变动，利益格局深刻调整，思想观念深刻变化，将是相当长一段时间内我国经济社会发展的一个基本特征，发展中不平衡、不协调、不可持续问题依然突出。在转轨时期，大量体制、机制和制度性问题需要解决，这就迫切需要政府审计不只是查出问题，更重要的是从体制、机制和制度角度找出问题产生的原因，提出审计建议，并推动相关部门和单位改进体制、机制和制度。所以，当代中国的政府审计环境需要中国特色社会主义政府审计在审计目标定位上要立足批判性，坚持建设性（刘家义，2008；陈尘肇，2008）。

笔者认为，在行使公权力时，各种机会主义行为不断演变，使国家审计目标也要不断转轨。既要鉴证机会主义行为是否存在，也要抑制机会主义猖狂行为。"魔高一尺，道高一丈！"才能发挥国家审计本质作用。审计目标有两种定位：第一种定位，审计只是鉴证机会主义行为是否存在。鉴证机会主义是审计的基本功能，在这种功能定位下，揭示代理人的机会主义行为是审计的核心，这种审计主要发挥批判性作用，称为批判性审计（刘家义，2008）。第二种定位，抑制机会主义行为，也就是说，在鉴证机会主义行为是否存在的基础上，找出机会主义行为出现的原因并协助委托人防止或预防机会主义。找出机会主义行为出现的原因也就是要找出激励机制、制衡机制及其他监督机制所存在的缺陷，因为只有上述这些机制存在缺陷，才会出现超出可容忍水平的机会主义。协助委托人防止或剩余预防机会主义就是要对发现的治理结构缺陷进行改进，以优化治理结构，降低机会主义行为的程度。所以，这种定位下的审计要做三方面的工作：一是鉴证机会主义行为是否存在；二是对治理结构进行评价，从治理结构缺

陷的角度分析机会主义行为存在的原因；三是协助委托人改进治理结构的缺陷。在这种审计定位下，揭示代理人的机会主义行为是审计的起点，核心问题是找出机会主义行为的原因和帮助改进治理结构，进而抑制机会主义行为，这种审计主要发挥建设性作用，称为建设性审计（刘家义，2008）。

第三节　基于社会文明的国家审计客体及主体分析

我国社会文明不仅受到社会环境的影响，也是各种社会现象的长期积淀的结果。社会环境主要包括社会传统文化、公民道德素质和信仰。对中国传统文化价值观有不同的观点，然而，总体看来，表现出批评和赞美两种态度。例如，陈独秀、鲁迅、胡适、李大钊等为代表的"五四"知识分子，根据自己对中国现实的认真研究，通过与世界别国文明的比较，发现了中国传统文化的反文化性，发现了中国传统伦理道德的不道德性，发现了中国人国民性的严重缺陷（李建军，2009）。费孝通（1985）认为，以儒家文化为核心的传统文化，缺乏对个人权利和自由的尊重，缺乏平等意识和契约意识，结果是，总是把个人对家庭和国家的义务，转化为奴役和束缚；它以"三纲五常"为骨干，以家族伦理为基础，建构了"差序格局"性质的压抑型的伦理规范。然而，国学大师张岱年（2006）认为，中国几千年来文化传统的主要内涵是天人合一、以人为本、刚健自强、以和为贵。中国台湾学者郑伯埙（1991）认为，中国文化包括卓越创新、甘苦与共、团队精神、正直诚信、社会责任和敦亲睦邻。

公民道德素质及信仰是整体社会的基础。目前，中华民族的传统美德与体现时代要求的新的道德观念相融合，成为我国公民道德素质及信仰的主流。但是，社会思想意识多元、多样、多变日趋明显，一些领域和一些地方道德缺失，是非、善恶、美丑界限混淆，拜金主义、享乐主义、极端个人主义滋长，见利忘义、损公肥私行为时有发生，不讲信用、欺骗欺诈成为社会公害，以权谋私、腐化堕落现象严重存在。这些问题对正常的经济和社会秩序形成较严重的负面影响。

一、一般意义的国家审计客体

最高审计机关国际组织 1977 年通过的《利马宣言——审计规则指南》指出，所有公共财务管理部门的收支，不论其是否反映或以什么形式反映在国家总预算中，都应由最高审计组织进行审计。公共财政管理部门未列入国家预算的部分也由最高审计组织进行审计，不属免受审计的范围。审计机关的审计客体是政府及其所属的各部门和单位，这意味着审计客体包括三个层次：一是政府；二是政府所属的各个部门；三是政府投资的企业和其他单位。美国于 1921 年颁布的《预算和会计法案》规定，无论是在政府所在地或是其他地方，审计机关都有权调查所有与公共资金的收入支出和运用有关的事务。

一般来说，大多数国家的任务确定和资源配置都体现在财政预算中。尹平和郑石桥认为，我国资源配置有些特殊，体现在财政预算中，而任务确定体现在国民经济和社会发展战略、中长期规划和年度计划中，当然，财政预算也要体现其要求。这里的任务当然是公共任务，而这些的资源分配当然是公共财政资源分配。所以，所有承担公共治理任务、使用公共资源的单位都应该是国家审计客体。

二、中国特色社会主义国家审计环境对审计客体产生严重影响

《中华人民共和国审计法》规定，审计机关对下列单位进行审计：对

本级各部门（含直属单位）和下级政府预算的执行情况和决算以及其他财政收支情况，进行审计监督；对本级预算执行情况和其他财政收支情况进行审计监督；对国有金融机构的资产、负债、损益，进行审计监督；对国家的事业组织和使用财政资金的其他事业组织的财务收支，进行审计监督；对国有企业的资产、负债、损益，进行审计监督；对国有资本占控股地位或主导地位的企业、金融机构的审计监督，由国务院规定；对政府投资和以政府投资为主的建设项目的预算执行情况和决算，进行审计监督；对政府部门管理的和其他单位受政府委托管理的社会保障基金、社会捐赠资金以及其他有关基金、资金的财务收支，进行审计监督；对国际组织和外国政府援助、贷款项目的财务收支，进行审计监督。上述这些单位，都是与公共财政资金相关的单位，所以，它们都是国家审计客体。

尹平、郑石桥大胆批判了国家审计客体的模糊性。他们认为，从问责本质来看，审计客体是否要包括各级单位负责人呢？一般来说，各级单位都实行首长负责制，重大事务在集体讨论的基础上由首长定夺，具体日常行政事务由首长决定。所以，从这个意义上来说，单位负责人是本单位第一责任人，单位责任的优劣与单位负责人责任优劣不应该分开。所以，对单位的问责，事实上也就是对单位负责人的问责。对单位问责和对首长个人问责不需要分离。

但是，在我国的政治生态中，首长负责制是在民主集中制的基础上实行的，也就是说，民主集中制是首长负责制的基础。民主集中制是在民主基础上的集中和集中指导下的民主相结合的制度。民主是集中指导下的民主，在集中的前提下发扬民主，所以民主集中制的重点在集中制。在这种背景下，首长负责制实际上成为集体负责制。所以，单位责任和首长个人责任出现分离，单位责任是领导班子集体责任，不是首长个人制度。在这种背景下，对单位问责和首长个人问责需要分离。那么，我国是否需要单独对单位首长进行问责呢？从制度层面上来说，由于是民主集中制，首长个人似乎不应该再问责。然而，由于我国几千年封建社会所形成的人治文化的影响，民主集中制在执行中存在不少的问题，很多单位事实上成为个人独裁。

中国要实现民主政治，建设法治国家，最大的障碍是根深蒂固的人治传统。而中国的人治之所以长寿，自有其社会条件和历史土壤。只要这些条件没有得到彻底清理，那么人治的残留就是必然的（田广清、周维强，2003）。姚立建、倪峻认为，纵观历史，中国皇权社会对官员道德操守的重视程度，可说是无与伦比。与此同时，吏治腐败恰恰又是中国历朝历代难以根治的顽疾和社会动荡、朝代更迭的重要成因。这一现象的形成有着多方面原因，但传统人治文化中所存在的道德悖论是一个不容忽视的重要方面。作为传统文化的积淀这一问题直到今天仍然对整个社会产生着重大的影响（姚立建、倪峻，2008）。

冯均科认为，中国几千年的人治文化积淀，法制基础十分薄弱，人治意识还比较常见，在这样一种特殊社会环境下，作为抑制机会主义行为的国家审计，在弥补法制不足方面能够发挥比较突出的作用，它较好地发挥对政府以及国有单位负责人经济责任履行情况的监督作用，以示范效应推动建立责任政府及责任企业（冯均科，2009）。

三、中国特色社会主义国家审计环境对审计主体产生严重影响

论及审计主体，要产生国家审计体制研究。世界各国的国家审计体制大致有四种情形：审计机关隶属于立法部门、审计机关属于司法系列、审计机关属于行政系列、审计机关不隶属于任何权力部门。

沈建文、郑石桥认为，审计体制的形成有两种类型：一种类型是根据本国的宏观制度因素形成问责机制，在问责机制的基础上构建审计体制；另一种类型是参照对本国有重要影响的其他国家的审计体制来构建自己国家的审计体制，在参照过程中，选定对本国有重要影响的其他国家作为参

照体制，结合自己国家的宏观制度因素对问责机制的影响，对参照的审计体制进行调整，形成自己的审计体制（沈建文、郑石桥，2012）。

尹平、郑石桥认为，我国国家审计体制有两个显著特征：一是审计机关隶属于国家行政系列；二是"双重领导"。我国《宪法》规定，县级以上各级地方人民政府设立审计机关。确立了我国国家审计机关隶属于国家行政系列。这种选择的原因是什么呢？我国实行的是议行合一的国家制度，行政权和司法权是立法权派生出来的，从理论上来说，立法机构当然可以成为行政权的问责主体，国家审计机关可以隶属于立法部门。但是，在议行合一的国家制度中，行政权是强势，立法权作为问责主体对行政权进行问责的效果可能不一定好，更为有效的可能是行政权内部问责，这就产生了行政型审计模式。同时，该模式弥补行政权内部问责的缺陷，建立了"两个报告"制度。根据《审计法》规定，各级审计机关每年对本级预算执行情况进行审计后，应分别提交"两个报告"，一个是向本级政府提交审计结果报告，另一个是受政府委托向本级人大常委会提交审计工作报告。审计机关向本级人大常委会提交审计工作报告在一定程度上使我国的审计机关具有立法型审计的性质。还有就是地方审计机关实行"双重领导"，《宪法》规定"地方各级审计机关对本级人民政府和上一级审计机关负责"。《审计法》规定"地方各级审计机关对本级人民政府和上一级审计机关负责并报告工作，审计业务以上级审计机关领导为主"。

我国地方审计机关实行双重领导体制是与我国的国家管理体制相适应的。我国实行单一制的国家结构形式，地方国家机关应接受中央的统一领导。在行政管理方面，国务院是国家最高行政机关，统一领导全国地方各级国家行政机关的工作。地方各级人民政府管理本行政区域内的行政工作，领导所属各工作部门和下级人民政府的工作。因此，地方各级政府设立的审计机关，在接受本级政府领导的同时，应接受上一级政府审计机关的领导。

第四节　基于法治文明的国家审计内容及
模式分析

　　法治文明是法治环境长期作用的结果。所谓法律环境是指一国法律的完善程度、执法力度和社会的法律意识。就法律完善程度来说，判断一国的法律体系是否完善以及完善或不完善到什么程度，有两个基本衡量标准：一是宪法标准。宪法是一国的根本法，它在我国是执政党最重要主张和人民根本意志的体现，宪法必须得到全面切实的实施。是否已具备全面实施宪法所显然必需的法律，是衡量我国法律体系是否完善的首要标准。二是法律实践标准。这个标准的基本要求是，一切应该由法律调整的生活领域都有法可依，而且不同部门、不同位阶的全部法律规范性文件应该构成一个由宪法为统率的和谐统一的整体。根据上述标准，我国法制建设还处于转轨时期，各项法律还需要继续完善。

　　新中国成立之前，针对执法力度和法律意识而言，中国有数千年的皇权专制统治，这种统治的基本特征就是独裁人治。这种独裁人治文化对中国社会形成重大影响，并且，这种影响还一定程度上继续存在，在一些情形下，法律还没有足够的尊严，有法不依的现象还时常出现，权大于法的意识还很严重①。

一、国家审计内容的一般意义分析

　　审计内容主要涉及审计对象。国家审计问责对象是任务确定及资源分配系统，其本质是公共责任，也就是使用公共资源、公共资金、公共权力

---

　　①　尹平，郑石桥. 国家治理与国家审计［M］. 北京：中国时代经济出版社，2014：193.

来完成公共事务。公共责任可以分为三个方面：一是公共资源和公共资金使用责任，一般可以称为财务责任；二是公共权力使用责任，一般可以称为行政责任；三是完成公共事务，一般可以称为管理责任。相应的机会主义行为表现为财务机会主义、行政机会主义和管理机会主义。财务机会主义最根本的问题是公共资源和公共资金使用过程中的机会主义行为，对这种机会主义行为的审计技术已经较为成熟，是传统的审计领域。行政机会主义最根本的问题是责任主体在公共权力的使用过程中滥用职权。一般来说，对于这种机会主义行为的调查，与审计核心技术关联不大。一般不作为审计内容。例如，美国联邦政府道德办公室的工作重点之一就是对联邦政府工作人员滥用职权的调查。独立设立的监察机构，对国家公务员滥用职权的调查是许多国家的通常做法。但是，由于行政责任与财务责任、管理责任密切相关，所以，一些国家实行监审合一的模式，此时，行政机会主义也就成为审计监察内容。管理机会主义最根本的问题是公共责任主体不作为、作为不当。一般来说，政府及政府机构的职责和流程都有明文规定，从技术上来说，对其职责履行情况进行鉴证是可行的，可以成为审计内容。绩效审计就是这种审计业务的典型代表①。

二、我国国家审计内容的中国特色

目前，我国国家审计还是以合法性审计为主。新中国的国家审计历史还不到40年，改革开放过程中大量的制度变迁和创新，以合法性为主的财务问责具有较强的需求。审计对象违规程度较为严重，是多年来我国国家审计非常普遍的现象。无论是地方审计机关还是审计署，审计对象的问题金额并没有减少。在这种背景下，以合法性为主题的审计业务理所当然就成为重要的审计业务类型。围绕党和政府的中心工作开展审计工作，就是根据公共责任委托人的问责需求来确定重点审计业务。

---

① 尹平，郑石桥. 国家治理与国家审计 [M]. 北京：中国时代经济出版社，2014：266.

三、中国特色社会主义国家审计环境影响下的国家审计模式

国家审计模式有两个基本问题：一是选择项目审计还是专项审计调查；二是对于具体的项目审计来说，选择何种审计取证模式。

1. 第一种审计模式是"问题导向"

就项目审计取证模式来说，我国国家审计取证模式既不是制度基础审计，也不是账目基础审计或风险基础审计，可以称为问题导向审计模式（石爱中，2008）。其作用方式是发现问题、纠正问题和解决问题（刘力云，2010）。

2. 第二种审计模式是专项审计调查

专项审计调查在我国中央与地方审计机关的审计实践中得到了广泛运用，其在国家宏观调控中特有的建设性作用和在财政经济体制、机制方面特有的促进作用，得到了历史的检验。中国的专项审计调查具有以下特点：

（1）目标宏观性。专项审计调查主要是对经济领域中带全局性、普遍性、倾向性的特定事项进行系统调查，在此基础上进行综合分析，搞清情况、揭露问题，为党委、政府决策提供依据，为国家宏观调控服务。

（2）范围广泛性。专项审计调查范围广泛性主要体现在调查对象广泛性和资料来源广泛性两个方面。从对象上来看，凡是与被调查事项有关的单位都属于专项审计调查的范围。从资料来源上来看，专项审计调查的证据材料既可以是被调查单位的会计、统计数据，也可以是用调查走访有关人员等方式所收集的与被调查事项有关的其他资料。

（3）方式多样性。专项审计调查是审计和调查的有机结合，审计人员可以采用多种方式来开展审计调查，既可以是单项调查，也可以是多项调查；既可以是单独的审计调查，也可以结合项目审计开展审计调查；既可

以通过审核被调查单位的会计、统计资料进行调查，也可以通过召开座谈会和走访有关单位、个人，还可以向有关单位、个人发放审计调查表等方式来进行调查。

（4）作用时效性。专项审计调查的目的是为经济决策提供依据，因此，做出审计调查结论和提出审计调查建议必须要在上级有关部门作出决策之前，否则就会使审计调查失去应有的价值（王志楠，2006；天津市审计局课题组，2006；石勉，2010）。

参考文献

［1］王会金，尹平. 论国家审计风险的成因及控制策略［J］. 审计研究，2000（2）：28-34.

［2］戚振东. 国家审计风险模型构建及其应用研究［J］. 审计与经济研究，2011（11）：26-30.

［3］江金满. 基于自由心证理论视角的审计证据判断评价研究——以防范和控制国家审计风险为考量［N］. 中国审计报，2012-05-09.

［4］陈毓圭. 社会主义审计本质探讨［J］. 审计研究，1986（6）：27-30.

［5］程能润. 经济效益审计初探［J］. 审计研究，1985（2）：18-22.

［6］冯均科. 试论审计理论体系［J］. 当代经济科学，1991（6）：70-75.

［7］李金华. 审计理论研究［Z］. 北京：中国审计出版社，2001.

［8］林炳发，阎金锷. Author. 审计理论研究的新起点——审计理论结构探讨［J］. 审计研究，1996（3）：18-22.

［9］刘明辉. 以审计环境为逻辑起点构建审计理论体系［J］. 审计与经济研究，2003（4）：3-7.

［10］秦荣生，阎金锷. Author. 时代的召唤　历史的丰碑——学习

《审计法》的几点体会 [J]. 审计研究, 1994 (5): 11-14.

[11] 汤士云. 审计理论研究起点论——兼论审计理论结构 [J]. 山西财经学院学报, 1997 (1): 58-60.

[12] 王会金. 中观信息系统审计风险控制体系研究——以 COBIT 框架与数据挖掘技术相结合为视角 [J]. 审计与经济研究, 2012 (1): 16-23.

[13] 徐政旦, 黄德华. 关于现代审计理论结构的探讨 [J]. 上海会计, 1999 (10): 3-7.

[14] 阎金锷. 构建审计理论框架初探 [J]. 审计研究, 1995 (3): 12-14.

[15] 杨肃昌. 对构建国家审计理论体系的思考 [J]. 审计与经济研究, 2012 (2): 11-19.

[16] 尹平. 论安全目标导向的政府审计理论体系 [J]. 会计之友, 2011 (34): 4-8.

[17] 石爱中. 加强审计理论研究, 坚持审计实践, 注重研究方法 [J]. 审计研究, 2008 (3): 10-16.

[18] 刘家义. 积极探索创新努力健全完善中国特色社会主义审计理论体系 [J]. 审计研究, 2010 (1): 3-8.

[19] 李学岚. 我国政府审计理论研究现状与框架思考 [C]. 中国审计学会审计教育分会首届审计教授论坛论文集, 2011.

[20] 杨肃昌. 对构建国家审计理论体系的思考 [J]. 审计与经济研究, 2012 (3): 11-18.

[21] 魏宏森. 系统论: 系统科学哲学 [M]. 北京: 世界图书出版公司, 2009.

[22] 费孝通. 乡土中国 [M]. 北京: 三联书店, 1985: 21-28.

[23] 郑伯. 家族主义与领导行为研究, 杨中芳、高尚仁主编, 中国人·中国心——人格与社会篇, 远流出版公司 (台北), 1991: 394.

[24] 宋夏云. 国家审计目标及实现机制研究 [D]. 上海财经大学博

士学位论文，2006.

［25］姚立建，倪峻. 中国人治文化的道德悖论［J］. 南京师大学报（社会科学版），2008（7）：27-32.

［26］冯均科. 国家审计问责客体的探讨［J］. 财会研究，2009（10）：66-68.

［27］石勉. 对专项审计调查的思考［J］. 武汉工程大学学报，2010（10）：28-30.

［28］陈尘肇. 国家审计如何发挥建设性作用［J］. 审计研究，2008（4）：14-15.

［29］沈建文，郑石桥. 问责机制、锚定路径和国家审计体制差异：理论架构和案例分析［J］. 经济体制改革，2012（4）：131-135.

［30］刘家义. 树立科学审计理念，发挥审计监督免疫系统功能［J］. 求是杂志，2009（10）：28-30.

［31］蒋燕辉. 公共权力及公共责任审计研究［M］. 北京：经济管理出版社，2018（11）.

第八章

我国国家审计公共治理职能研究启示

国家审计作为公共治理的必要组成部分，能对国家各种公权力进行监督。1958 年的《法兰西共和国宪法》第 47 条规定，"审计法院协助议会和政府监督财政法的执行"。尽管《利马宣言——审计规则指南》指出："审计机关作为国家机关是国家整体的一部分，因此，它们不可能绝对独立。"但在许多国家，最高审计机关的确类似最高司法机关，不仅只对法律负责，而且不隶属于立法、司法、行政机关。

第一节　我国国家审计对各种公权力监督的理论启示

毛泽东说："讲到宪法，资产阶级是先行的。英国也好，法国也好，美国也好，资产阶级都有过革命时期，宪法就是他们在那个时候开始搞起的。"①

社会主义宪法最体现"公共性"。1918 年的苏俄宪法将"预算法"列为单独的一编，1954 年我国在宪法中将审查国家预决算的权力赋予全国人民代表大会，国务院执行国民经济计划和国家预算。1982 年宪法承袭了这一规定，同时将国家预算在执行过程中所必须作的部分调整方案的决定权交给全国人大常委会，国务院负责编制和执行国民经济和社会发展计划和国家预算。

一、国家所有公权力必须得到监督

从宪政意义上来说，如果以公共财政为例，公民的私有财产权和国家的财政权是公民私权利和国家公权力在经济领域的具体表现。

公共财政好像共享单车管理中的公众缴纳的单车费。摩拜公司（管理公司）收取满足管理公司正常运行以维护公众权利适度的使用费是必须的，如果不收取这适度的使用费，就无人去保障公众的共同利益，但超过必要的限度收取使用费则又直接侵害了公众的利益。所以，就公共财政而言，适度的税收和完全"用之于民"的财政支出永远具有宪政意义，对民主国家和每一个公民都至关重要。在现代国家中，人民就是共享单车的所有百姓，国家就是摩拜公司，而公共财政就是单车使用费。所以，国家如何取得税收和如何使用财政资金必须由人民决定。"财政收入法（或主要是税法）是国家合法剥夺公民财产权的法律，财政支出法涉及政府是否在为纳税人和公民提供公共服务的重大的问题，在宪政制度下，财政收支的这一重大问题必须由纳税人自己去决定。"②

笔者还以公共财政为例，由于现代国家实行的是代议制民主，公民通过代议机关立法规制国家税收和预算、决算行为，通过权力制约方式对国家的财政权力进行监督。"政府的权力，包括财政权力必须受到来自纳税

---

① 中共中央《毛泽东选集》出版委员会.《毛泽东选集》（第五卷）［M］. 北京：人民出版社，1977：127.

② 刘剑文. 宪政下的公共财政与预算［J］. 河南省政法管理干部学院学报，2007（3）.

人和法律的有效监督，防止政府财政权力的滥用，这就是宪政的国家及其公共财政的理念。"① 因此，世界各主要国家对公共财政均有严格的监督。

美国的宪法将税收决定权交给国会，规定"国会有权规定并征收税金、捐税、关税和其他赋税，用以偿付国债并为合众国的共同防御和全民福利提供经费；但是各种捐税、关税和其他赋税，在合众国内应划一征收。"政府财政部门负责对税收政策执行和税收违法行为进行监督，税务部门负责一般性的税收监督。美国的财政支出监督部门较多，主要由财政部门、用款部门、审计部门及国会负责。

在日本，"在整个财政监督的体系中，国会、财政部门、审计厅、行政监察机构和其他社会力量都是重要的有机组成部分。其中，财政部门主要负责汇总编制政府预算，对国家预算分配和执行情况进行监督和检查；审计部门主要负责检查管理水平和资金使用效益。"②

二、国家审计是对国家机关是否公正、公平及公开地行使各种公权力的专门监督

王家新（2013）认为，尽管各国对财政公权力的监督都有自己的体系，但专门设立的财政监督机构是各国的国家审计机关，各国国家审计制度的产生均源自对财政监督的需要。《审计法》第 2 条规定，"国家审计监督等额范围为财政财务收支，国务院各部门和地方各级人民政府及其各部门的财政收支，国有的金融机构和企业事业组织的财务收支，以及其他依照本法规定应当接受审计的财政收支、财务收支，依照本法规定接受审计监督。"但这里的国有金融机构和企事业组织均由国家财政投入设立，因此，属于广义的财政收支范围。③

---

① 刘剑文. 宪政下的公共财政与预算 [J]. 河南省政法管理干部学院学报，2007（3）.
② 李霁. 国外财政监督一瞥（上）[J]. 中国监察，2003（14）.
③ 王家新. 国家审计的政治经济分析 [M]. 上海：上海三联书店，2013：189.

刘家义:《国家审计与国家治理》,2011 年 10 月 19 日在南京审计学院"第四届非洲高级审计研讨班"上的报告中,认为国家审计"在国家权力体系中发挥权力制约和监督作用,促进规范权力的配置和运行"。

德国《预算基本原则法》规定,联邦审计院审计预算的执行和非预算资金的管理、经济效益性和合法合规性。如果一个私营企业的多数股份属于某一行政区域实体,或它拥有 1/4 的股份并同其他行政区域实体一起控股,可以要求此私营企业对其经营管理的合法合规性、盈亏及其资金流动状况接受审计。英国《国库与审计部法》的立法宗旨是,为了规范公共资金的收入、保管和使用,对公共账户进行审计。美国《预算和会计法案》第 312 节规定,无论是在政府所在地还是其他什么地方,主计长都有权调查所有与公共资金的收入、支出和运用有关的事务。第 309 节进一步规定,主计长应当对几个部门、机构的行政拨款和基金会计处理的形式、制度和程序,以及对财政官员账目进行行政检查的方式方法和步骤作出规定。①

国家机关、公立医院、公立高校,以及一些公益组织是否公正、公平及公开地行使各种公权力?为此,笔者认为,国家治理、市场治理、社会治理、公共治理等都肩负着极为重要的监督责任及控制义务。国家审计不仅是对公权力行使的专门监督机构,也是维护公众利益,合理保障公众权益的重要举措。

第二节　我国国家审计嵌入公共治理制度的理论启示

这部分理论启示包括政府审计在协同治理当中的关键作用,政府审计

---

① 审计署编译. 世界主要国家审计法规汇编 [M]. 北京:中国时代经济出版社,2004:117,268,309.

的不可替代性；国际审计服务于国家治理有鲜明特色。包括与时俱进、不断变革、依靠非制度因素等。

一、国家治理、社会治理（或公共治理）及市场治理构成的公共治理离不开政府审计

建立政府审计制度对政府公共资源管理使用和公共权力运行进行监督制约，是世界各国的通行做法。改革开放十多年来，我国经济发展和社会建设都取得了举世瞩目的成就。伴随改革开放，我国政府审计得以恢复重建。自 1982 年我国恢复重建政府审计制度以来，各级政府审计机关紧紧围绕党和政府工作中心，开展各类审计业务和专项审计调查等审计工作，在监督财政财务收支真实、合法、效益，促进公共资源节约有效利用；查处违法违规案件，维护财经纪律和社会经济秩序；监督制约权力运行，推进政府依法行政和廉政建设；提供审计监督信息，促进国家宏观调控和微观管理改善的科学决策等方面，为改革开放和特色社会主义建设做出了重要贡献。我国政府审计也走出了一条具有中国特色的政府审计发展道路，政府审计理论研究也逐步系统深入。[①]

在公共资源使用的公权力监督上，政府发挥着决定作用。国家审计是嵌入国家治理的重要组成部分，在国家经济社会稳定健康运行中发挥"免疫系统"功能。政府审计的"免疫系统"功能是通过嵌入国家经济社会发展运行系统中发挥的。现阶段，我国正处于全面建成小康社会和全面深化改革开放的战略机遇期。国家经济社会发展对政府审计在监督制约权力、监督公共资源有效利用和完善制度建设等多方面提出了新要求。与社会经济发展需求相比较，我国政府审计面临审计力量不足、审计队伍专业知识结构尚不能适应审计需要、政府审计监督与国家其他治理子系统诸如财政监督、监察纪检等存在职能交叉等问题，如何有效地发挥政府审计治理作

---

① 王会金，戚振东. 政府审计：协同治理研究 [M]. 上海：上海三联书店，2014：1-3.

用，成为当前理论和实务界应当关注的重要问题。随着社会民主化进程不断深入发展，作为既强调发挥政府功能，又重视社会组织群体优势的相互合作、共同管理的国家治理理念和方式正成为现代社会事务管理和国家管理的创新运行机制和管理模式。国家治理的基本特征是强调治理主体多元化、协商合作主义、治理权威多样化等。近年来的政府审计实践发展也体现了政府审计嵌入国家治理的多元主体参与、协商合作、治理权威多样化等特点，例如，通过审计机关联合开展项目审计；审计机关与司法、纪检、信访等部门紧密配合获得审计线索或查处违法违规案件；审计机关与主管部门协调联动开展资源环境审计等。总结这些实践经验，探索审计运行新规律，通过完善政府审计治理，推动政府审计更好地服务国家治理体系和治理能力现代化建设，对于发展我国政府审计显然具有十分重要的意义。

政府审计是国家治理的监督控制子系统。在国家治理系统的框架下考察政府审计如何服务国家治理是根本的逻辑出发点。从政府审计的局限性来看，政府审计监督所具有的监督资源有限性、审计信息的非对称性等缺陷，要求政府审计整合各种监督资源来弥补。从系统论的角度来看，政府审计服务国家治理就需要同国家治理中的其他子系统发生这样或那样的关系，或整合资源，或共享信息。因此，需要引入科学理论来系统构建政府审计治理理论，以指导政府审计实践开展。

政府审计的"免疫系统"功能是通过嵌入国家经济社会发展运行系统中发挥的。党的十八届三中全会指出，全面深化改革的总目标是完善和发展中国特色社会主义制度，推进国家治理体系和治理能力现代化。国家治理的基本特征是强调治理主体多元化、协商合作主义、治理权威多样化等。近年来的政府审计实践发展也体现了政府审计嵌入国家治理的多元主体参与、协商合作、治理权威多样化等特点，如通过审计机关联合开展项目审计；审计机关与司法、纪检、信访等部门紧密配合获得审计线索或查处违法违规案件；审计机关与主管部门协调联动开展资源环境审计。

二、中国国家审计服务于国家治理的功能是有鲜明特色的

党的十八届三中全会指出，全面深化改革的总目标是完善和发展中国特色社会主义制度，推进国家治理体系和治理能力现代化。政府审计如何在新时期更好地服务于国家治理，如何全方位地服务于国家治理体系和治理能力现代化，成为审计理论和实务界应当关注的重要问题。

政府审计作为国家的重要政治制度，主要对国家治理稳定有序发展提供监督、评价等治理服务。美国审计总署（GAO）通过努力提高政府绩效和税收使用的透明度，帮助国会提高了政府的可信度。它的职责是协助国会履行其宪法规定的职责，为了美国人民的利益协助政府提高绩效和责任，在尽所能协助国会和其他决策机关的工作过程中遵循责任、诚实、信任等三个核心原则。

这种鲜明特色主要包括与时俱进或日益变革、审计文化（如诚信、职业道德、公信力等），这些非制度性因素使审计风险得到有效控制。

（1）在与时俱进方面，近年来虽然政府审计取得了长足发展，但在发展过程中也暴露出一些问题，如审计法规体系不健全、审计人员专业知识结构有待改进等。从当前来看，政府审计发展过程中存在的一些问题，已经严重影响了政府审计服务国家治理功能作用发挥和政府审计事业的可持续发展。其中，突出问题包括政府审计覆盖面较低，有的单位甚至从未接受过审计；审计力量不足矛盾比较突出，政府审计机关从业人员数量的绝对数方面以及审计人员专业知识单一的相对性两个方面都不能满足审计工作发展需要；政府审计职责权限科学性有待改善，在现代多种所有制经济成分共同发展下的经济社会中，现有审计相关法律所赋予审计机关的职责权限与社会发展要求的不相适应，存在诸如审计调查取证难、获取数据难等问题，被审计单位对存在问题的整改还不尽如人意，有关部门对审计查

处的问题追究不严格，制约了审计作用的有效发挥（温家宝，2012）。

（2）在国家审计不断发展和变革方面，近年来党和政府采用一系列政治变革及经济变革的有效措施。王会金、戚振东认为，随着政府审计服务国家治理的作用日益重要，政府审计机关面临怎样既保持其作为审计机关的独立性，提供有效监督制约服务的同时，又能在服务国家和地方治理中制定战略规划及执行重大改革方面发挥积极的作用，支持各级党委政府及其部门开展工作，并针对国家治理中长期存在的严重问题提出长远性解决方案的问题。推行更为有效的政府审计管理机制，充分发挥政府审计国家经济社会运行的"免疫系统"功能，提升政府审计服务国家治理水平由此成为政府审计理论和实务界所亟待解决的关键问题。

（3）在审计文化（如诚信、职业道德、公信力等）这些非制度性因素方面使审计风险得到有效控制。随着经济社会发展，国家治理中的不确定性因素日益增多，突出表现为国家经济安全问题日益突出、国家治理中的风险及其潜在影响不断加深等。例如，政府审计服务国家治理是以提供对被审计对象的监督服务来完成的，而国家治理中的被审计对象通常包括政府部门、国有企事业单位等。随着其风险性的不断提高，国家治理的发展对政府审计提出了新要求。

从政府及其职能部门来说，政府部门正面临日益复杂的社会环境，社会利益诉求多样化、网络舆情复杂化等使得政府部门参与国家治理具有很大的风险性。对于国有企业来说，国有企业经营管理处于信息化、经济全球化、网络化时代，科技技术日新月异、经营管理环境复杂多变等都使得运营管理提供服务或产品过程中的风险性加剧，而各种经济成分混合交织，关联交易复杂化，利益输送多样化，给国有资产或国有资金的流失带来威胁。同时，在现代社会中，各种利益集团、利益主体日趋多样化，网络化、信息化等也给治理主体舞弊提供了方便，使各种管理舞弊、违法乱纪手段日益隐蔽化，手段日益复杂化，政府审计发现问题查处违法违规的难度较大，使国家治理中的风险预警难度不断增加。

现代社会国家经济安全成为国家治理重要目标。而影响国家经济安全的因素复杂多变，国家经济安全的不确定性和风险增大，使侧重财政资金运用为主线、事后监督为主要途径的相对程式化的政府审计运行机制已经不能适应现代政府审计发展。这主要体现为政府审计对象的突发性提高、审计范围的预先设定内容日益减少。如何适应审计对象随机化、审计范围不确定等环境特征，相互完成审计任务，维护国家经济安全，成为政府审计所要解决的关键课题。

国家治理中的不确定性因素还体现在，影响国家治理冲突的非正式制度因素的作用日益增大。在传统国家治理中，主要强调正式的法律法规和制度，如我国依法治国的主要建设内容即是通过立法和引进外国管理制度规则等，健全国家和社会管理中的法律法规。但近年来，随着法律法规执行过程中的有法不依、执法不严等现象增多，传统依赖于正式制度治理国家治理冲突已经不能够适应国家治理实践发展。这种发展规律同样适用于政府审计领域。

识别和应对国际审计风险、评估来自多种层面的国际治理上的不确定性，就应建立以问题为导向的研究机制。2013年在北京召开的世界审计组织第二十一届大会更是将促进国家良治作为各国最高审计机关的重要任务和目标写入《北京宣言》。国家审计是国家治理重要组成部分的理论观点，是在总结中国政府审计实践经验，着眼未来政府审计如何发展基础上提出的宏大命题，引起了理论界和实务界的广泛认同和持续研究热潮。

第三节　影响国家审计的非制度因素研究启示

影响国家审计服务于国家治理的因素，不仅有刚性或制度性因素，也存在大量弹性或非制度性因素。例如，审计师的道德素质高低，个人的自利及有限理性以及审计师及机构的多种机会主义危害等。在本书第七章研究过自利和有限理性的难题，在此，更多地对其他非制度因素的影响进行研究。

党的十八届三中全会指出，全面深化改革的总目标是完善和发展中国特色社会主义制度，推进国家治理体系和治理能力现代化（笔者认为，特别要包括抑制大量非制度因素负面影响、抵制各种机会主义严重影响等）。通过完善政府审计治理，推动政府审计更好地服务国家治理体系和治理能力现代化建设，是当前和今后一段时期内审计理论界应当重点关注的问题。

从政府及其职能部门来说，政府部门正面临日益复杂的社会环境，社会利益诉求多样化、网络舆情复杂化等，使政府部门参与国家治理具有很大的风险性。中国特色政府审计实践的发展，说明政府审计的发展所处的制度背景，法治制度与所属的政治、文化、信任等环境因素共同作用，才是导致政府审计效应发挥的主导因素（王会金、戚振东，2013）。

有鉴于此，构建一种鲜明的、蕴含道德底蕴的、符合中国儒家文化思想和具有其精粹的"审计文化"至关重要。文化的类型包含三种，物质文化、制度文化和精神文化。本章主要说的是精神文化。物质文化更多取决于国家生产力水平，制度文化更多依赖于国家权力机构的设计。只有精神文化在影响国家审计活动的因素中真正属于非制度性因素，也最值得研究。

没有文化的审计队伍，如同没有灵魂、没有核心竞争力、没有精神支柱。这样的队伍永远不可能完成国家治理的艰巨使命。刘家义在《中国特色社会主义审计理论研究》一书中，将国家审计文化特征描述为文化秩序与权益、恪守独立和客观、崇尚理性和证据、保持严谨和审慎、遵循规范和程序、鼓励创新和发展、注重团结和协作七个方面。无疑，这是中国国家审计文化建设的目标和方向。

首先，多元文化碰撞才产生了多元价值观的高度整合；其次，今天的文化成果是民族文化与西方文化的扬弃与整合结果；再次，文化主体多元化与利益主体多元化的整合；最后，形成了今天现实的文化。

一、先进的审计文化与高效的国家审计之间是相互影响和相互渗透的关系

胡锦涛指出，社会主义先进文化是马克思主义政党思想精神上的旗帜，其精髓是社会主义核心价值体系，即公平、正义、和谐。审计人员核心价值观"责任、忠诚、清廉、依法、独立、奉献"正是社会主义先进文化在国家审计领域的体现和渗透的表现。

王家新认为，文化具有独特的渗透力，通过不断的弥漫和扩张，潜移默化地影响着现代国家制度，国家审计不可避免地受到文化的熏陶和影响。社会文化对审计制度的影响是一种无声无形的动态过程，贯穿于整个国家审计制度发展的全过程。通过潜移默化的持续影响，改变着审计的效率和效果，这种影响不受任何外力的制约，不以人的意志力为转移。先进的社会文化以高度正确的思想为理论基础，指导国家审计的趋势与走向。当代中国社会主义先进文化是以马克思主义为指导，培养有理想、有道德、有文化、有纪律的公民，是面向现代化、面向世界、面向未来的、民族的、科学的、大众的社会主义文化。

二、先进的审计文化才是国家审计的内在驱动力

王家新认为，国家审计既是社会文化的组成部分，也是推动现代文化建设的驱动力。虽然国家审计不是专门从事文化事业或主管文化体制建设的部门，但却与文化建设密不可分，表现在国家审计对形成秩序文化、平民文化、廉政文化和责任意识的重要作用。首先，在审计实践活动中，审计机关受人民之托，代表人民，维护国家经济安全、资产安全和市场经济秩序，反腐倡廉、严肃吏制，参与国家治理，有利于国家廉政文化建设。其次，国家审计机关通过制定相关审计准则、法律法规以及审计规范等，

约束人们的行为，并在实践中体现"以人为本"，倡导规则面前人人平等，有利于形成统一的社会价值标准，促进社会秩序文化的形成。最后，对审计工作而言，责任意味着切实履行宪法和有关法律所赋予的职责，全力投入审计工作，按照有关安排和要求完成工作任务，充分发挥审计"免疫系统"功能，当好公共财政的"卫士"，切实维护人民利益和国家安全，推动完善国家治理，保障经济社会健康运行，并对审计工作中出现的失误和过错负责。在经济社会高速发展和对审计工作的要求日益提高的情况下，审计机关和审计人员应进一步增强责任感和使命感，努力实现对经济社会运行过程的有效监督，充分发挥审计的监督、批判、建设、促进等作用，保障经济社会实现科学发展。审计工作者的责任意识为其他社会成员提供了表率，有利于推动整个社会的责任意识的觉醒和形成。

第四节　国家治理模式转型影响政府审计职能 转变的启示
——基于中国特色审计理论研究

国家是以维护秩序和国家安全为基本目的一个自组织系统（Skocpol，1979；杨光斌、郑伟铭，2007）。进入 21 世纪后，以提高国家治理绩效为目的的有效政府、责任政府和法治政府思想，深深影响了世界各主要大国尤其是转型国家的执政理念和政策制定（庞大鹏，2010）。

随着对市场运行机理的深入分析，现代经济学认识到，市场不能孤立于社会而存在。转型经济开始在国家治理分析框架中引入社会范畴，这使政府的职能和作用范围也变得更加复杂起来，政府职能从全能主义逐渐转变到提供公共服务，因此，需要重构政府、市场和社会之间的关系。现代社会，国家治理主体结构可以划分为分别由一系列相互关联的制度、组织和机制构成的政府、市场和公民社会三大制度系统，国家治理正走向以政府、社会和公民为多元主体能动的合作治理时代，强调了非正式权力、非政府组织的治理主体等的社会协同治理正成为国家治理的主流方向。国家治理可以看作为在一个既定范围内维系秩序运转的公共部门、私人部门的正式和非正式的制度安排、组织形态和治理机制，以及它们之间的互动过程（张慧君、景维民，2009）。

最新理论观点认为，国家审计是国家治理的重要组成部分，实质上是国家依法用权力监督制约权力的行为（刘家义，2012）。政府审计产生与发展的动力源泉在于服务国家治理目标的实现。现有政府审计作用机制研究多是基于演绎规范的理论推演，强调从正式制度视角解释中国政府审计的发展，对于政府审计如何发挥在国家治理中的作用，多是从政府审计业务类型出发，而对影响政府审计治理的文化、信任等环境因素分析不够，由此导致对于中国政府审计实践的发展解释不够清晰，对政府审计参与国家治理的作用机制分析不够深入彻底。改革开放以来，中国经历了由计划经济向市场经济以及由此带来的社会转型（如靳涛，2005；陈志武，2006），党的十六届三中全会则提出国家治理变革的可持续发展理念和建设和谐社会目标，要求重塑政府是社会发展和社会管理的责任主体，形成"党委领导、政府负责、社会协同、公众参与"的管理新格局。国家治理主要强调了行政主体的多元化，强调政府职能和责任，行政事务管理中的社会参与（宋敏，2003）。经过40年的改革开放，中国国家治理经历了全能治理、效率优先治理和社会协同治理三个阶段，全能主义国家形态已不复存在。国家治理模式转型，要求政府审计适应社会管理新格局，在更广泛的范围内，动员和整合审计监督资源，以充分发挥政府审计对国家经济社会健康运行的"免疫系统"功能。

参考文献

［1］蔡春等. 关于构建治理导向审计模式的探讨［J］. 会计研究，

2009（2）：89-92.

　　[2] 陈仕华，李维安. 公司治理的社会嵌入性：理论框架及嵌入机制[J]. 中国工业经济，2011（6）：99-108.

　　[3] 陈英姿. 国家审计推动完善国家治理的作用研究[J]. 审计研究，2012（4）：16.

　　[4] 丁镇棠等. 大型公共工程环境审计研究[J]. 审计研究，2011（6）：51，58.

　　[5] 冯均科. 浅议多重博弈下经济责任审计结果的利用效果[J]. 财会研究，2012（12）：70-72.

　　[6] 何琼妹. 对转型时期财政审计的若干思考[J]. 财会研究，2013（4）：58-60.

　　[7] 侯仕军. 社会嵌入概念与结构的整合性解析[J]. 江苏社会科学，2011（2）：86-94.

　　[8] 李冬等. 基于协同理论的政府投资项目跟踪审计模式[J]. 系统工程理论与实践，2013（2）：405-412.

　　[9] 李凯. 从公共受托责任演进看国家审计本质变迁——兼论审计"免疫系统"论[J]. 审计与经济研究，2009（1）：12-15.

　　[10] 刘家义. 论国家治理与国家审计[J]. 中国社会科学，2012（6）：60，72.

　　[11] 孟焰，张军. 论国家审计"免疫系统"实施机制[J]. 中央财经大学学报，2010（5）：81-84.

　　[12] 孙兵. 公共行政学的变迁与行政法的演进——兼轮行政法律秩序的构建[J]. 社会科学家，2010（3）：44-47.

　　[13] 谭劲松，宋顺林. 国家审计与国家治理：理论基础和实现途径[J]. 审计研究，2012（2）：38.

　　[14] 王会金，王素梅. 国家审计"免疫系统"建设：目标定位与路径选择[J]. 审计与经济研究，2010（2）：17-22.

［15］王会金，戚振东. 社会嵌入视角下的政府审计治理作用机制研究［J］. 会计研究，2013（9）：91-96.

［16］王家新等. 国家审计的政治经济分析［M］. 上海：上海三联书店，2013.

［17］谢志华. 试论如何构建财政审计大格局：基于财政风险新特点的视角［J］. 审计研究，2011（2）：13-16.

［18］徐政旦，谢荣. 试论我国社会主义审计模式的若干原则［J］. 审计研究，1987（4）：6-10.

［19］杨肃昌，李敬道. 从政治学视角论国家审计是国家治理中的"免疫系统"［J］. 审计研究，2011（6）：3，8.

［20］杨肃昌. 审计监督的政治学思考［J］. 审计与经济研究，2008（2）：5，9.

［21］杨肃昌等. 区域性环境审计研究：文献综述与建议［J］. 审计研究，2013（2）：34-39.

［22］尹平，戚振东. 国家治理视角下的中国国家审计特征研究［J］. 审计与经济研究，2010（3）：9-14.

［23］郑石桥等. 建设性审计论纲——兼论中国特色社会主义政府审计［J］. 审计与经济研究，2013（4）：13-22.

［24］尹平，郑石桥. 国家治理与国家审计［M］. 北京：中国时代经济出版社，2014.

［25］蒋燕辉. 公共权力及公共责任审计研究［M］. 北京：经济管理出版社，2018.

后记

国家审计是对国家各种公权力的监督。1958 年的《法兰西共和国宪法》第 47 条规定，"审计法院协助议会和政府监督财政法的执行"。尽管《利马宣言——审计规则指南》指出："审计机关作为国家机关是国家整体的一部分，因此，它们不可能绝对独立。"但是在许多国家，最高审计机关的确类似最高司法机关，不仅只对法律负责，而且不隶属于立法、司法、行政机关。

把审计还给公共治理这是一种公共性的回归。从事务所对公众公司的报表审计到政府对公立学校及公立医院的绩效审计，审计公共性的特征越发彰显。实际上，审计上的公共性提升不仅体现出社会环境的巨大变化，也为国家审计提供了更强大的内在动力。

论政府审计的公共性本质，可以说是一种公共治理能力的大幅提高。换句话讲，公共责任和公共权力审计作为国家治理手段或工具，应不断向公共治理的大方向迈进。国家审计的本质属性是"公共性"，可以说，是基于独立的"第三方公众立场"。换句话讲，具有公共性的国家审计（简称公共审计）是一种"政府—公众—环境"的和谐关系体系，既是政府与公众之间的信息沟通机制，也是政府与所处环境的研究监测体系。此外，在公共审计的和谐关系体系中，公共审计扮演着一个超越政府和环境的"居间者"角色，有着超然精神独立的特征。它要在政府与公众之间，平衡政治、法律、经济、文化和社会环境彼此的关系。

从政府和营利组织角度来讲，公共审计通过倡导他们对公共责任（或社会责任）的担当，进一步预测、监督和反馈民意。公共审计师扮演着正义的"道德卫士"角色。如果从公众与所处环境的角度来讲，公共审计则代表公众及民意，也是社会公共领域对公共资源使用效益实施监督权的代言人。

此外，公共治理及公共审计（本书特指公共责任和公共权力审计）更符合中国文化传统，更具有东方文化底蕴。西方文化强调私利和有限理性，把与环境的关系看作是一种个人主义或"物竞天择，适者生存"。东方文化更强调"和谐理性"，把与环境的关系看作是"社会取向"。儒家文化宣传或倡导建立和谐的社会关系体系，换句话说，审计研究中的公共治理理论与儒家文化精髓是相通的，既符合和谐理性的基本假设，也符合社会价值观的道德取向。可见，公共审计更符合儒家文化的基本原则。

本书在编写过程中，不仅得到了经济管理出版社任爱清编辑的大力支持，也得到了首都经济贸易大学会计学院领导（顾奋玲院长）及全体教师同仁的大力支持和帮助，在此谨表感谢。

由于外界环境的不断变化及本人理论认知能力有限，本书无论是在结构安排还是在内容阐述上，都可能存在诸多不足之处，希望大家批评指正。

蒋燕辉

2019 年 10 月 28 日